Anonymous

Jubel-Kalender zur Erinnerung an die Völkerschlacht bei Leipzig vom 16.-19. October A.D. 1813

Anonymous

Jubel-Kalender zur Erinnerung an die Völkerschlacht bei Leipzig vom 16.-19. October A.D. 1813

ISBN/EAN: 9783743448858

Hergestellt in Europa, USA, Kanada, Australien, Japan

Cover: Foto ©ninafisch / pixelio.de

Manufactured and distributed by brebook publishing software (www.brebook.com)

Anonymous

Jubel-Kalender zur Erinnerung an die Völkerschlacht bei Leipzig vom 16.-19. October A.D. 1813

Der 18. Oktober.

Sei hoch uns gefeiert, der Deutschen Tag,
Du Tag des Siegs, der Befreiung!
Du tilgtest die lange, die blutige Schmach,
Des deutschen Bodens Entweihung;
Du brachst der Fremdlinge Stolz und Glück,
Und auf Flügeln des Siegs kam die Freiheit zurück.

Hoch steige die flammende Säule empor,
Und strahl' in den Wolken uns wieder,
Gern schaut ja der ewigen Sterne Chor
Auf freie Gefilde hernieder;
Und ohne Erröthen zum Himmel kann
Den Blick erheben der deutsche Mann.

Drum laßt uns auf luftigen Höhen die Gluth
Der jauchzenden Flammen entzünden,
Daß sie Thälern und Hügeln der Deutschen Muth,
Der Deutschen Stärke verkünden;
Denn es hat sich ihr Arm, es hat sich ihr Schwert
So herrlich im Völkerkampfe bewährt.

Und den Edlen Preis, die mit freudigem Muth
Den Tod für's Vaterland fanden!
Aus ihrer Asche, aus ihrem Blut
Ist Freiheit und Sieg uns erstanden;
Und sie schau'n nun lächelnd vom Himmel herab,
Denn freie Brüder bekränzen ihr Grab.

Und daß fürder möge das theure Land
Der Väter herrlich uns blühen,
Geloben wir heut' mit dem Druck der Hand
Für der Väter Sitte zu glühen,
Und schwören, zu wahren das deutsche Blut
Und die deutsche Treu' und den deutschen Muth!

Hey.

A.D. 1813.

Erinnerungs Kalender.

Regententafel.

Die Fürsten, welche in Deutschland regierten und ihre Thronfolger.

Oesterreich.
Kaiser: Franz, geb. 12. Febr. 1768, Regierungs=
antritt 1. März 1792, hat sich 11. Aug. 1804
zum erblichen Kaiser von Oesterreich erklärt
und 6. Aug. 1806 die deutsche Reichsregierung
niedergelegt, † 1835.
Kronprinz: Erzherzog Ferdinand Karl, geb.
19. April 1793.

Preußen.
König: Friedrich Wilhelm III., geb. 3. Aug.
1770, Regierungsantritt 16. November 1797,
† 1840.
Kronprinz: Friedrich Wilhelm, geb. 15. Oct.
1795 † 1861.

Die Fürsten des Rheinbundes unter französischem Protektorat.

Anhalt-Bernburg.
Herzog: Alexius, geb. 12. Juni 1767, Regie=
rungsantritt 9. April 1796, März 1806 vom
Kaiser Franz zum Herzog erhoben, 18. April
1807 dem Rheinbunde beigetreten, † 1834.
Erbprinz: Alexander, geb. 2. März 1803.

Anhalt-Dessau.
Herzog: Leopold, geb. 10. August 1740, Regie=
rungsantritt 16. Dec. 1751, dem Rheinbunde
beigetreten und den herzoglichen Titel ange=
nommen 18. April 1807, † 1817.
Erbprinz: Friedrich, geb. 27. Dec. 1769, † 1814.

Anhalt-Köthen.
Herzog: Ludwig, geb. 20. Sept. 1802, Regie=
rungsantritt 5. Mai 1812, † 1818.
Erbprinz: Ferdinand, Fürst zu Pleß, geboren
25. Juni 1769, † 1830.

Baden.
Großherzog: Karl geb. 8. Juni 1786, Regie=
rungsantritt 10. Juni 1811, † 1818.
Thronerbe: Ludwig, Oheim des Großherzogs,
geb. 9. Februar 1763, † 1830.

Bayern.
König: Maximilian Joseph, geb. 27. Mai 1756,
Regierungsantritt als Kurfürst 1. April 1795,
als König 26. Dec. 1805, dem Rheinbunde
beigetreten 12. Juli 1806, † 1825.
Kronprinz: Ludwig, geb. 25. Aug. 1786.

Berg und Cleve.
Großherzog: Napoleon Ludwig, ältester Sohn
des Königs von Holland, geb. 11. Oct. 1804,
zum Großherzog ernannt 3. März 1809,
1813 vertrieben. † 1831.

Frankfurt.
Großherzog: Karl, Freiherr von Dalberg, Erz=
bischof, Primas des Rheinbundes, geboren
8. Februar 1744, † 1817.
Erbprinz: Eugen Napoleon, Vicekönig von
Italien, geb. 3. Sept. 1780, † 1824.

Hessen.
Großherzog: Ludwig X., als Großherzog I.,
geb. 14. Juni 1753, Regierungsantr. 6. April
1790, den großherzoglichen Titel angenommen
und dem Rheinbunde beigetreten 12. Juli 1806,
† 1830.
Erbprinz: Ludwig, geb. 26. Dec. 1777, † 1848.

Hessen-Homburg.
Landgraf: Friedrich V. Ludwig, geb. 30. Jan.
1748, Regierungsantritt 7. Februar 1751,
† 1820.
Erbprinz: Friedrich Joseph, geb. 30. Juli 1769,
† 1829.

Hohenzollern-Hechingen.
Fürst: Friedrich Hermann, geb. 22. Juli 1776,
Regierungsantritt 2. Nov. 1810, † 1838.
Erbprinz: Friedrich, geb. 16. Febr. 1801.

Hohenzollern-Sigmaringen.
Fürst: Anton Aloys, geb. 20. Juni 1762, Re=
gierungsantritt 26. Dec. 1785, Mitglied des
Rheinbundes 12. Juli 1806, † 1831.

Erbprinz: Karl Anton, geb. 20. Februar 1785, † 1853.

Isenburg-Birstein.
Fürst: Karl Friedrich Ludwig Moritz, geboren 29. Juni 1766, Regierungsantritt 3. Febr. 1803, dem Rheinbunde beigetreten 12. Juli 1806, † 1820.
Erbprinz: Wolfgang Ernst, geb. 25. Juli 1798.

Leyen.
Fürst: Philipp Franz, geb. 1. Aug. 1766, dem Rheinbunde beigetreten 12. Juli 1806, † 1829.
Erbprinz: Erwin, geb. 3. April 1798.

Liechtenstein.
Fürst: Johann Joseph, geb. 26. Jan. 1760, Regierungsantritt 24. März 1805, † 1836, trat beim Eintritt in den Rheinbund die Souveränitätsrechte seinem 3. Sohne, dem Prinzen Karl, geb. 14. Juni 1803, ab; später gelangte zur Regierung
Erbprinz: Aloys, geb. 26. Mai 1796.

Lippe-Detmold.
Fürst: Leopold, geb. 6. Oct. 1796, Regierungsantritt unter Vormundschaft 4. April 1802, dem Rheinbunde beigetreten im April 1807, † 1851; 1813 noch unvermählt.

Lippe-Schaumburg.
Fürst: Georg Wilhelm, geb. 20. Dec. 1784, Regierungsantritt unter Vormundschaft 13. Fbr. 1787, dem Rheinbunde beigetreten und den fürstlichen Titel angenommen im April 1807, † 1861; 1813 noch unvermählt.

Mecklenburg-Schwerin.
Herzog: Friedrich Franz, geb. 10. Dec. 1756, Regierungsantritt 24. April 1785, dem Rheinbunde beigetreten 20. Febr. 1808, † 1837.
Erbprinz: Friedrich Ludwig, geb. 13. Juni 1778, † 1819.

Mecklenburg-Strelitz.
Herzog: Karl, geb. 10. Oct. 1741, Regierungsantritt 2. Juni 1794, dem Rheinbunde beigetreten 20. Febr. 1808, † 1816.
Erbprinz: Georg, geb. 12. Aug. 1779, † 1860.

Nassau-Usingen.
Herzog: Friedrich August, geb. 23. April 1738, Regierungsantritt 17. Mai 1803, dem Rheinbunde beigetreten und den herzoglichen Titel angenommen 12. Juli 1806, † 1816. Erloschen und durch Erbschaft übergegangen an

Nassau-Weilburg.
Fürst: Friedrich Wilhelm, geb. 25. Oct. 1768, Regierungsantritt 28. Nov. 1756, dem Rheinbunde beigetreten 12. Juli 1806, † 1816.
Erbprinz: Wilhelm, geb. 14. Juni 1792, † 1819.

Reuß ältere Linie zu Greiz.
Fürst: Heinrich XIII., geb. 16. Febr. 1747, Regierungsantritt 28. Juni 1800, dem Rheinbunde beigetreten im April 1807, † 1817.
Erbprinz: Heinrich XIX., geb. 1. März 1790, † 1836.

Reuß jüngere Linie, a) zu Schleiz.
Fürst: Heinrich XLII., geb. 27. Februar 1752, Regierungsantritt 25. Juni 1784, dem Rheinbunde beigetreten im April 1807, † 1818.
Erbprinz: Heinrich LXII., geb. 31. Mai 1785, † 1854.

b) Lobenstein.
Fürst: Heinrich LIV., geb. 8. Oct. 1767, Regierungsantritt 31. März 1805, dem Rheinbunde beigetreten im April 1807, † 1824. Erloschen und durch Erbschaft übergegangen an

c) Ebersdorf.
Fürst: Heinrich LI., geb. 17. Mai 1761, Regierungsantritt 1. Juni 1761, † 1822.
Erbprinz: Heinrich LXXII., geb. 27. März 1797, † 1853. Erloschen, schon seit 1848 durch Abtretung an Reuß-Schleiz gelangt.

Sachsen, Königreich.
König: Friedrich August, geb. 23. Dec. 1756, Regierungsantritt 17. Dec. 1763, dem Rheinbunde beigetreten und den königlichen Titel angenommen 11. Dec. 1806, zum Herzog von Warschau ernannt am 9. Juli 1807, † 1827.
Thronerbe: Herzog Anton, Bruder des Königs, geb. 27. Dec. 1755, † 1836.

Sachsen-Weimar-Eisenach.
Herzog: Karl August, geb. 3. September 1757, Regierungsantr. unter Vormundschaft 28. Mai 1758, dem Rheinbunde beigetreten 15. Dec. 1806, † 1828.
Erbprinz: Karl Friedrich, geb. 2. Febr. 1783, † 1853.

Sachsen-Coburg-Meiningen.
Herzog: Bernhard Erich Freund, geb. 17. Dec. 1800. Regierungsantritt unter Vormundschaft 24. Dec. 1803, dem Rheinbunde beigetreten 15. Dec. 1806; 1813 noch unvermählt.

Sachsen-Gotha.
Herzog: August, geb. 23. Nov. 1772, Regierungsantritt 20. April 1804, dem Rheinbunde beigetreten 15. Dec. 1806, † 1822. Erloschen.

Sachsen-Hildburghausen.
Herzog: Friedrich, geb. 29. April 1763, Regierungsantritt 13. Sept. 1780, dem Rheinbunde beigetreten 15. Dec. 1806, † 1834.
Erbprinz: Joseph Georg Friedrich, geboren 27. Aug. 1789.

Schwarzburg-Sondershausen.
Fürst: Günther Friedrich Karl, geb. 5. Dec. 1760, Regierungsantritt 14. Oct. 1794, dem Rheinbunde beigetreten am 18. April 1807, † 1837.
Erbprinz: Günther Friedrich Karl, geboren 24. Sept. 1801.

Schwarzburg-Rudolstadt.
Fürst: Friedrich Günther, geb. 6. Nov. 1793, Regierungsantr. unter Vormundschaft 28. April 1807, dem Rheinbunde beigetreten 15. April 1807; 1813 noch unvermählt.

Waldeck.
Fürst: Georg, geb. 6. Mai 1747, Regierungsantritt 1812, gehört zum Rheinbunde kraft Vertrag des verstorbenen Fürsten seit 18. April 1807, † 1813; ihm folgte sein Sohn
Fürst: Georg Friedrich Heinrich, geb. 20. Sept. 1789, † 1845.

Westfalen.
König: Hieronymus Napoleon, Bruder d. Kaisers d. Franzosen, geb. 15. Nov. 1784, zum König ernannt 8. Juli 1807; 1813 vertrieben, † 1860.

Erinnerungs-Kalender für 1813.

Württemberg.
König: Friedrich, geb. 6. Nov. 1754, Regierungsantritt 23. Dec 1797, dem Rheinbunde beigetreten und den königlichen Titel angenommen 12. Juli 1806, † 1816.
Kronprinz: Wilhelm, geb. 27. Sept. 1781.

Würzburg.
Großherzog: Ferdinand, Erzherzog von Oesterreich und früherer Großherzog von Toscana, geb. 6. Mai 1769; 26. Dec. 1805 Kurfürst; Großherzog und Mitglied des Rheinbundes 25. Dec. 1806, † 1824.
Erbprinz: Leopold, geb. 3. Oct. 1797.

Die außerdeutschen europäischen Fürsten und ihre Thronfolger.

Dänemark.
König: Friedrich VI., geb. 28. Jan. 1768, Regierungsantritt 13. März 1808, † 1839.
Kronprinz: Christian, geb. 18. Sept. 1786, † 1848.

Frankreich.
Kaiser: Napoleon I., geb. 15. Aug. 1769, den kaiserlichen Titel angenommen 18. Mai 1804, König von Italien und Protector des Rheinbundes, † 1821.
Kronprinz: Napoleon Franz Karl Joseph, König von Rom, geb. 20. März 1811, † 1832.

Großbritannien.
König: Georg III., geb. 4. Juni 1738, Regierungsantritt 25. Oct. 1760, † 1820.
Kronprinz: Georg Friedrich August, geboren 12. Aug. 1762, Regent seit 1811, † 1830.

Italien.
König: Napoleon, Kaiser der Franzosen, siehe Frankreich.
Vicekönig: Eugen, Erbprinz von Frankfurt, siehe daselbst.

Lucca und Piombino.
Fürstin: Marie Anna Elisa, Schwester des Kaisers der Franzosen, Großherzogin von Toscana, geb. 3. Jan. 1777, † 1820.
Erbprinz: Hieronymus Karl, geb. 3. Juli 1810.

Neapel.
König: Joachim Murat, geb. 25. März 1771, zum König ernannt 15. Juli 1808, † 1815.
Kronprinz: Napoleon Achill, geb. 21. Jan. 1801, † 1847.

Neuchatel.
Fürst: Alexander Berthier, Fürst von Wagram und Marschall von Frankreich, geb. 30. Dec. 1753, zum Fürsten ernannt 30. März 1806, † 1815.
Erbprinz: Napoleon Alexander, geb. 11. September 1810.

Portugal.
Königin: Maria I., geb. 17. Dec. 1734, † 1816, und der Prinz-Regent Johann, geb. 13. Mai 1767, † 1826, befanden sich zu jener Zeit in Brasilien.

Rußland.
Kaiser: Alexander, geb. 23. Dec. 1777, Regierungsantritt 24. März 1801, † 1825.
Damals muthmaßlicher Thronfolger: Großfürst Constantin, Bruder des Kaisers, geb. 8. Mai 1779, † 1830.

Sardinien.
König: Victor Emanuel, geb. 24. Juli 1759, Regierungsantritt 4. Juni 1802, † 1824.
Thronerbe: Carl Felix, Bruder des Königs, geb. 16. April 1765, † 1831.

Schweden.
König: Karl XIII., geb. 7. Oct. 1748, hat die Regierung übernommen 3. Juni 1809, † 1818. Erwählter Thronerbe: Johann Karl Bernadotte, geb. 26. Jan. 1764, † 1844.

Schweiz.
Erster Landamman: Hans von Reinhard.

Sicilien:
König: Ferdinand IV., geb. 1751, Regierungsantritt unter Vormundschaft 1759, † 1825.
Kronprinz: Franz, geb. 19. Aug. 1777, † 1830.

Spanien.
König: Joseph Napoleon, Bruder des Kaisers der Franzosen, zum König ernannt 6. Juni 1808, † 1844.

Türkei.
Sultan: Mahmud II., geb. 20. Juli 1785, Regierungsantritt 11. Aug. 1810, † 1839.

Warschau.
Herzog: Friedrich August, König von Sachsen, siehe daselbst.

Kaiserlich französische Reichsmarschälle im Jahre 1813.

Alexander (Berthier) Fürst von Neufchatel und von Wagram.
Moncey, Herzog von Conegliano.
Jourdan.
Massena, Fürst von Eßlingen und Herzog von Rivoli.
Augereau, Herzog von Castiglione.
Soult, Herzog von Dalmatien.
Brune.
Mortier, Herzog von Treviso.
Ney, Herzog von Elchingen, Fürst von der Moskwa.
Davoust, Fürst von Eckmühl, Herzog von Auerstädt.
Victor, Herzog von Belluno.
Oudinot, Herzog von Reggio.
Marmont, Herzog von Ragusa.
Macdonald, Herzog von Tarent.
Suchet, Herzog von Albufera.
Gouvion St. Cyr.

Gesammtkräfte der alliirten und der französischen Armeen während der Schlacht bei Leipzig.

I. Alliirte Armeen.

1. Große böhmische Armee unter dem Feldmarschall Fürsten Schwarzenberg 180,000
2. Nordarmee unter dem Kronprinzen von Schweden 50,000
3. Armee von Schlesien unter dem General der Cavallerie v. Blücher . 90,000
4. Armee von Polen unter dem General der Cavallerie Freihr. v. Bennigsen 26,000

                                                                                                        346,000

II. Französische Armee.

Alte Garde			4,000
Junge Garde			24,000
Garde-Cavallerie			6,000
(Erstes Armee-Corps	unter	General Mouton-Lobau befand sich während der Schlacht in Dresden.)	
Zweites	„	„ Marschall Victor, Herzog von Belluno	18,000
Drittes	„	„ Marschall Ney, Fürst von der Moskwa	15,000
Viertes	„	„ General Bertrand	15,000
Fünftes	„	„ General Lauriston	10,000
Sechstes	„	„ Marschall Marmont, Herzog von Ragusa	20,000
Siebentes	„	„ General Reynier	8,000
Achtes	„	„ General Fürst Poniatowski	10,000
(Neuntes	„	war für die Bayern reservirt.)	
(Zehntes	„	„ General Rapp befand sich während der Schlacht bei Leipzig in Danzig.)	
Elftes	„	„ Marschall Macdonald, Herzog von Tarent	14,000
(Zwölftes	„	„ unter Marschall Oudinot, Herzog von Reggio, wurde nach der Schlacht von Dennewitz aufgelöst und mit dem Reste desselben das vierte und siebente Armeecorps verstärkt.)	
(Dreizehntes	„	„ Marschall Davoust, Fürst von Eckmühl, befand sich während der Schlacht in Hamburg.)	
Vierzehntes	„	„ Marschall Gouvion St. Cyr	20,000
General Augereau, Herzog von Castiglione (Infanterie)			10,000
Erste Cavallerie-Division unter General Lautour-Maubourg			6,000
Zweite	„	„ General Sebastiani	6,000
Dritte	„	„ General Arrighi, Herzog von Padua	3,000
Vierte	„	„ General Kellermann, Graf von Valmy	4,000
Fünfte	„	„ General Milhaud (bei Augereau)	3,000

                                                                                                         196,000

Erinnerungs-Kalender für 1813.

Monat Januar.

Kriegs-Nachrichten.
1812.
Dec. 30. Das preußische Corps unter General York capitulirt beim Rückmarsch aus Kurland.
1813.
1. Murat verläßt vor den anrückenden Russen Königsberg.
2. Generalmajor v. Bülow zieht sich mit den preußischen Truppen aus Königsberg zurück.
3. Das französische Hauptquartier wird nach Elbing verlegt. — Das von den Russen verfolgte Macdonald'sche Corps rückt in Königsberg ein, verläßt es aber schon in der Nacht zum 4.
4. Gefecht zwischen dem König von Neapel und den Russen bei Mehlsack.
5. Befehl des Königs von Preußen zur Entsetzung der Generale York und Massenbach wegen der Uebereinkunft zu Tauroggen; General v. Kleist wird an die Spitze dieses Corps gestellt. — Die Russen unter Wittgenstein besetzen Königsberg. — Gefecht bei Braunsberg.
6. Ein Angriff der Spanier auf Bilbao wird zurückgeschlagen.
8. General York erscheint in Königsberg.
9. Napoleon erhält die Nachricht von York's Abfall.
10. Die Franzosen erreichen Elbing. Ney übergibt den Befehl an Macdonald und reist nach Frankreich ab. — Der französische Senat votirt die Aushebung von 350,000 Mann.
11. Fürst Hatzfeld begibt sich im Auftrage des Königs von Preußen nach Paris, den Abfall York's zu entschuldigen.
12. Die russischen Truppen besetzen Elbing. — General Czernitscheff will den bei Dsche und Neuenburg stehenden General Bülow, wiewohl vergeblich, zum Anschluß zwingen.
13. Kaiser Alexander und Kutusow überschreiten den Niemen. — York fordert Bülow zu gemeinschaftlichem Handeln auf. — Macdonald übergibt den Befehl in Marienwerder an den Vicekönig von Italien und geht nach Frankreich ab.
14. Czernitscheff in Marienwerder.
16. Das Hauptquartier der französischen Armee in Posen unter dem Oberbefehl des Vicekönigs von Italien. — Oberst v. Thümen verweigert ebenso den Russen wie den Franzosen den Einlaß in die ostpreußische Stadt Tuchel.
17. General v. Bülow in Neustettin; er zieht dort ungebildete Truppen zusammen. — Die Division Grenier will mit Gewalt Quartier in Potsdam nehmen.
19. bis Ende Januar. Ankunft vieler französischen Marschälle, Generale :c. aus Rußland in Berlin.
21. Der Freiherr v. Stein trifft mit Arndt in Königsberg ein. — Aufruf des Königs von Sachsen als Großherzog von Warschau zur allgemeinen Bewaffnung dieses Landes.
22. Der König von Preußen begibt sich nach Einsetzung einer Ober-Regierungs-Commission zu Berlin von Potsdam nach Breslau. — Der Harrison zu Hilfe geeilte General Winchester in Canada geschlagen.
23. Freiherr v. Stein nimmt die öffentlichen Kassen zu Königsberg in Beschlag.
24. Bekanntmachung von York's Achterklärung in Königsberg.
25. Ankunft des Königs von Preußen in Breslau und Wiederanstellung des Generals v. Scharnhorst als General-Quartiermeister.
26. General Castella capitulirt gegen freien Abzug in Pillau.
27. Hauptquartier des Kaisers Alexander in Willenberg.
30. Joachim Murat kommt mit grimmigem Herzen wegen erfahrener übler Behandlung in der Villa Santo Leucio bei Neapel an.

Vermischte Nachrichten.
1. K. österr. Verordnung gegen das Tragen der Schnürleiber, nach welcher kein Mädchen mit einem solchen in Klöster, Waisenhäuser oder Schulen aufgenommen oder darin gebuldet werden soll. — 2. Der fürstliche Palast zu Bukarest wird durch eine Feuersbrunst zerstört. — 5. Errichtung einer Reichsbank in Dänemark. — 6. Graf Louis Baraguay d'Hilliers, franz. Divisionsgeneral, † zu Berlin. — Entdeckung eines Mordanschlags gegen das Leben des Königs von Württemberg. — 9. Die Güter des Jesuitenordens im Herzogthum Warschau werden als Nationalgüter erklärt. — Dankgottesdienst in Stuttgart wegen des glücklich abgewendeten Mordanfalls auf den König von Württemberg. — 10. Schreiben der Prinzessin von Wales an ihren Gemahl, worin sie sich über sein Betragen und das seiner Minister beschwert, dessen Bekanntmachung zu lebhaften Parlamentsdebatten Veranlassung gibt. — 19. Preußisches Edict wegen Ausgabe von zehn Mill. Schapsscheinen mit Zwangscours. — 20. Christoph Martin Wieland, geb. am 5. September 1733, † zu Weimar. — 22. Die Leiche des Ende December zu Twer am Spitalfieber verstorbenen Prinzen Georg von Holstein-Oldenburg wird zu Petersburg beigesetzt. — 23. Gründung einer großen Bibelgesellschaft in Petersburg. — 25. Pius VII. wird zu Fontainebleau zur Unterzeichnung eines Concordats bewogen.

Monatsspruch:
Feigherzige Vorsicht fahre hin — an nichts als blutige Vergeltung will ich denken.

Erinnerungs-Kalender für 1813.

Monat Februar.

Kriegs-Nachrichten.

1. Die sächsisch-polnischen Regierungsbehörden des Großherzogthums Warschau verlassen die Hauptstadt. — Die französischen Truppen unter Poubam rücken in Frankfurt a. d. O. ein.
2. Wittgenstein geht bei Dirschau über die Weichsel.
3. Aufruf des Königs von Preußen zum freiwilligen Kriegsdienst.
4. Siegreicher Ueberfall Czernitscheff's auf 1500 Mann vom Davoust'schen Corps.
5. Der Generallandtag von Ost- und Westpreußen nebst Litthauen, durch Stein's Einfluß berufen, tritt zusammen. — Französischer Senatsconsult über die Regentschaft der Kaiserin.
7. Die Oesterreicher und Sachsen räumen Warschau. — Stein reist von Königsberg ins russische Hauptquartier ab. — Mißglückter Versuch der Russen unter General Radt, die Festung Zamosc zu nehmen.
8. Die Russen besetzen Warschau. — Die York'schen Truppen ziehn in Pillau ein.
9. Ein Erlaß an die Gouverneure aller deutsch-österreichischen Kronländer verkündet eine beträchtliche Verstärkung des Heeres.
10. Miloradowitsch und Sacken brechen mit dem linken russischen Flügel gegen die Warthe auf.
11. Der Vicekönig von Italien verläßt Posen.
12. Graf Ludwig Dohna begibt sich als Abgeordneter des Königsberger Landtags nach Breslau zum König. — General Reynier mit 10,000 Mann in Kalisch.
13. Die Russen in Posen. — General Reynier von den Russen bei Kalisch geschlagen. — Die polnischen Truppen werden bei Zirke von Czernitscheff überfallen. — Oberst v. Knesebeck geht als preußischer Gesandter in das russische Hauptquartier.
14. General Barclay de Tolly löst Tschitscha-gow im Befehl ab. — Napoleon erscheint im gesetzgebenden Körper zu Paris und fordert die nöthigen Hilfsmittel.
16. Tettenborn geht bei Zellin über die Oder; Benkendorf und Czernitscheff folgen ihm nach.
17. Kutusow erläßt an Wittgenstein den Befehl zum Vorrücken; auch York überschreitet die Rogat und Weichsel.
18. Der König von Preußen genehmigt die Bildung des Lützow'schen Freicorps.
20. Vorübergehendes Eindringen der Kosaken unter Tettenborn in Berlin.
21. Die Russen werden aus Berlin und seiner Umgebung wieder vertrieben.
22. Der Vicekönig von Italien im Hauptquartier zu Kövenick bei Berlin. — Unterredung der Generale Wittgenstein, Bülow und York zu Kaulg wegen Vorrückens gegen die Oder.
23. Nochmaliger Angriff der Russen auf die Festung Zamosc wieder zurückgeschlagen.
24. Kaiser Alexander in Kalisch. — Ein Aufstand in Hamburg wegen der Strenge der Zollbehandlung wird unterdrückt; sechs Personen hingerichtet.
25. Der König von Sachsen geht nach Plauen, später nach Regensburg und setzt eine Immediat-Commission zu Dresden ein. Die vorläufige Neutralität der sächsischen Festungen wird erklärt. — Der französische Minister des Innern veröffentlicht eine Darstellung der unerschöpflichen Hilfsquellen Frankreichs, in welcher die Bevölkerung auf 42,700,000 Seelen angegeben wird.
26. Oberst v. Gneisenau, mit einem schwedischen Schiffe gelandet, erscheint in Colberg.
27. Allianzvertrag zwischen Preußen und Rußland zu Kalisch.
28. Die preußische Jugend erhebt sich zum Kampfe. — Verordnung des Königs von Bayern zur Mobilmachung der Nationalgarde.

Vermischte Nachrichten.

1. Sonnenfinsterniß. — In Königsberg gibt E. M. Arndt seinen „Katechismus für den deutschen Kriegs- und Wehrmann" sowie die Schrift „Was bedeutet Landwehr und Landsturm" heraus. — 8. Marschall Ney erhält den Titel eines Fürsten von der Moskwa. — 10. Tod des Kommandanten von München, d. Generallieutenants Frhrn. v. Drve. — 14. Eröffnung der Sitzungen des gesetzgebenden Körpers in Paris. — 16. In Rom werden englische Waaren verbrannt. — 17. Tod des Prinzen Moritz Adolf Gustav von Salm-Kurburg zu Paris. — Tod des berühmten Rechtsgelehrten und Oberhofgerichtsraths Professor Dr. Erhard in Leipzig. — 18. In den preußischen Zeitungen erscheint ein poetischer Zuruf an die Jünglinge, den Fahnen des Vaterlands zu folgen. — 19. Der Bankier William Hope † in London mit Hinterlassung eines Vermögens von 20 Millionen Thaler. — 22. K. preußische Verordnung gegen Solche, die sich dem Kriegsdienste entziehen wollen. — 25. Beginn der Weinlese in den Totaner Weingebirgen, da im Herbst die Reise wegen zu zeitigen Schnee's unterbleiben mußte. — 28. Ausbruch des Typhus und anderer Seuchen in vielen Gegenden Deutschlands. — Die Kriegsgesänge Körner's kommen nach einander in den Mund des Volks.

Monatsspruch:

Das Volk steht auf, der Sturm bricht los,
Wer legt noch die Hände feig in den Schooß?

Erinnerungs-Kalender für 1813.

Monat März.

Kriegs-Nachrichten.

2. Wittgenstein überschreitet bei Güstebiese unweit Zellin die Oder und schließt Cüstrin ein.
3. Uebereinkunft zwischen Großbritannien und Schweden, wodurch letzteres gegen Subsidien 30,000 Mann zur Bekämpfung des allgemeinen Feindes zu stellen hat. — Die Franzosen ziehen sich aus Frankfurt a. d. O. zurück.
4. Berlin wird durch Repnin und Czernitscheff befreit.
6. Der französische General Grenier bei Belzig geworfen.
8. General Morand zieht sich nach Hamburg.
9. Der Vicekönig von Italien in Leipzig.
10. Stiftung des eisernen Kreuzes.
11. Dörk und Massenbach vorwurfsfrei erklärt. — Einzug Wittgensteins in Berlin.
12. Hamburg von den Franzosen geräumt. — Davoust läßt die Elbbrücke bei Meißen abbrennen. — Dörk und Bülow gehen über die Oder.
13. Oberst Tettenborn in Lauenburg. — Davoust führt Verstärkungen nach Dresden.
15. Einzug des Kaisers Alexander und des Königs von Preußen in Breslau. — Blokade von Glogau durch die Russen.
16. Das russisch-preußische Bündniß dem französischen Gesandten notificirt. — Blücher rückt in Sachsen ein. — Aufruf Ludwigs XVIII. von England aus an die Franzosen.
17. Aufrufe des Königs von Preußen an sein Volk und an sein Kriegsheer. — Königl. preußische Verordnung wegen Organisation der Landwehr und des Landsturms. — Dörk zieht in Berlin ein.
18. Tettenborn rückt mit den Russen in Hamburg ein und stellt die republikanische Verfassung wieder her.
19. Davoust läßt zwei Mittelpfeiler der Dresdener Elbbrücke sprengen. — Aufruf zur Gründung einer hanseatischen Legion. — Lübeck sagt sich von der französischen Herrschaft los.
20. Winzingerode in Bautzen. — Gefecht bei Colditz zwischen Durutte und den Kosacken.
21. Der König Friedrich Wilhelm III. kehrt von Breslau nach Berlin zurück. — Das Hauptquartier des Vicekönigs von Italien wird nach Magdeburg verlegt. — Lüneburg verjagt die französischen Behörden.
23. Ausmarsch der preußischen Truppen aus Breslau. — Wittgenstein's und Blücher's Aufrufe an die Sachsen. — Schreiben des Kronprinzen von Schweden an Napoleon, worin der Bruch motivirt wird.
25. Kutusow in Kalisch. — Kutusow's Aufruf an die Deutschen, worin er den Rheinbund für aufgelöst erklärt. — Uebergabe der Festung Czenstochau. — Die Herzöge von Mecklenburg erklären ihren Anschluß an Preußen und Rußland.
26. Die Franzosen räumen Dresden, welches von Winzingerode besetzt wird. — Der Vicekönig von Italien drängt die Russen bei Werben an die Elbe zurück.
27. Die preußische Kriegserklärung wird an Napoleon übertragen. — Dörk marschirt von Berlin ab. — General Vandamme in Bremen.
28. General Borstell wendet sich nach Ziesar und gegen Magdeburg.
29. Der Gouverneur von Schwedisch-Pommern, General Sandels, erklärt die französischen Dotationen in Pommern und auf der Insel Rügen für nichtig.
30. Die Kaiserin Marie Louise erhält in Abwesenheit ihres Gemahls die Regentschaft. — Zweiter Aufruf Wittgenstein's an die Sachsen vor seinem Einrücken in dieses Land.
31. Die Russen in Leipzig. — Fürst Schwarzenberg geht als österreichischer Botschafter nach Paris. — Rußlands Vermittlung zwischen England und Nordamerika abgewiesen.

Vermischte Nachrichten.

1. Die Londoner Bibelgesellschaft läßt das Neue Testament in's Chinesische übersetzen. — 5. Einweihung der neuerrichteten katholischen Landesuniversität zu Ellwangen. — Königl. preußische Verordnung wegen Aufhebung des Zwangscurses der Tresorscheine. — 6. Geburt des türkischen Thronerben Abdul Hamit. — 12. Tod des sächsischen Ministers Grafen v. Hopfgarten. — 14. Tod des letzten Dogen von Genua, Michelangelo Cambiaso, zuletzt französischer Senator und Reichsgraf. — 15. Erscheinen mehrerer Spottschriften auf Napoleon von Kotzebue und Anderen. — In Hamburg wird nach dem Abzug der Franzosen die Handelssperre gegen England aufgehoben. — 19. Theodor Körner tritt in die Lützow'sche Freischaar ein. — 20. Preußisches Edict zur Beseitigung der Continentalsperre. — 22. Tod der verw. Herzogin Auguste v. Braunschweig in London. — 23. Gründung eines Frauenvereins zum Wohl des Vaterlandes durch neun Prinzessinnen. — 26. Strenges Decret Napoleon's gegen alle diejenigen französischen Bischöfe, welche das Concordat nicht anerkennen wollen. — 28. Allgemeine Gegenfeier in den preußischen Kirchen für die vaterländischen Streiter. — 31. Oesterreichs Verbot des Verkehrs mit Sachsen.

Monatsspruch:

Der Krieg ist erklärt. — Der Schande gewehrt.

Erinnerungs-Kalender für 1813.

Monat April.

Kriegs-Nachrichten.

1. General Morand rückt in Lüneburg ein und droht mit Strafgerichten.
2. Das Morand'sche Corps in Lüneburg von den Preußen und Russen gefangen genommen. — Kleist rückt gegen Wittenberg vor.
3. Verkündigung des Aufrufes der Herrscher von Rußland und Preußen an das deutsche Volk. — Bekanntmachung des russischen Senators Lanskoy, die Einsetzung eines Verwaltungsrathes für die polnischen Provinzen zu Warschau betreffend.
4. Davoust in Lüneburg.
5. Treffen bei Möckern im Jerichow'schen Kreise zum Vortheil der Preußen.
6. Einsetzung eines Verwaltungsrathes für Norddeutschland unter dem Vorsitze des Freiherrn v. Stein. — Aufruf des Königs von Preußen an die durch den Tilsiter Frieden abgetrennten Provinzen.
7. Kutusow verläßt mit der russischen Hauptarmee Kalisch.
9. Wittgenstein geht bei Aken und Roßlau über die Elbe.
10. Die Vorhut des russischen Hauptheeres überschreitet die Oder. — Vandamme läßt in Bremen zwei Mitglieder der oldenburgischen Regierungs-Commission und 22 Bürger erschießen.
11. Marschall Suchet schlägt den französischen General Elio und treibt die Engländer nach Villena zurück.
12. Der preußische Major Hellwig überfällt die Bayern bei Langenfalza und erobert fünf Kanonen.
13. Die schlesische Armee in Altenburg.
14. Napoleon begibt sich von Paris zur Armee nach Sachsen. — Die Nordamerikaner erhalten von den Spaniern das befestigte Mobile in Louisiana durch Capitulation.
17. Mißlungener Angriff der Preußen und Russen auf Wittenberg.
18. Uebergabe der Festung Thorn an den russischen General Barclay.
19. Im Königreich Neapel wird eine neue Aushebung dekretirt.
20. Kaiser Alexander in Dresden. — Der König von Sachsen geht von Regensburg nach Prag. — Entwaffnung der damals französischen Bezirke der Wesermünde. — Erstes Vorpostengefecht der Preußen unter Major Blücher und den Franzosen unter Souham bei Weimar.
21. Uebergabe von Spandau. — Major Hellwig zersprengt bei Warnfried ein westfälisches Husarenregiment.
22. General Kleist zieht sich nach Halle. — Schutz- und Trutzbündniß zwischen Preußen und Schweden.
23. Der König von Dänemark erklärt, nie in die Abtretung Norwegens willigen zu wollen.
24. Ankunft des Königs von Preußen in Dresden.
25. Ankunft Kaiser Napoleons in Erfurt.
26. Schweden und Dänemark rufen gegenseitig wegen des Streites über Norwegen ihre Gesandten ab. — Der nordamerikanische General Dearborn erobert Klein-York in Canada.
27. Die über die Elbe gegangenen Preußen und Russen werden zurückgeworfen; die Franzosen unter Davoust besetzen Harburg.
28. Fürst Kutusow, russischer Generalfeldmarschall, stirbt in Bunzlau, 76 Jahre alt; Graf Wittgenstein tritt an seine Stelle. — General v. Kleist wirft die Franzosen aus Halle, räumt aber folgenden Tags die Stadt. — Gefechte bei Wettin und Weißenfels.
29. Major Lobenthal durch die Franzosen aus Merseburg vertrieben.
30. Die Russen gehen bei Lenzen über die Elbe.

Vermischte Nachrichten.

1. Francesco Bartolozzi, berühmter Kupferstecher, † zu Lissabon. — 2. Erstes Erscheinen des „russisch-deutschen Volksblatts" von Kotzebue und des „deutschen Korrespondenten" unter Redaction des Staatsraths Niebuhr in Königsberg. — 3. Aufruf an die deutschen Frauen von Caroline Baronin de la Motte Fouqué. — 6. Die Prinzessin von Wales empfängt Deputationen der Altstadt London und der Stadt Bristol, welche ihr Adressen mit Versicherungen ihrer Hochachtung überreichen. — 7. Zusammentritt einer eigenen Behörde in Berlin zur Annahme von patriotischen Gaben. — 10. Joseph Louis Graf Lagrange, berühmter französischer Mathematiker, † in Paris. — 13. Erscheinen des „deutschen Beobachters" in Hamburg. — 16. Oesterreichisches Finanzpatent wegen Ausgabe von 45 Mill. Gulden in Anticipationsscheinen. — 18. Veröffentlichung von einer Menge Zeit- und Flugschriften, wie z. B.: „Das neue Deutschland", „Zur Befreiung Deutschlands", „Der Zeitalter", „Der Völkerbund", „Thuiston" von Prof. Jeune, „Die Ohde der Stunde" von E. M. Arndt. — 20. In Dort wird der Kaufmann John Senior wegen betrüglichen Bankerotts durch den Strang hingerichtet.

Monatsspruch:

Und könnte Napoleon Armeen aus der Erde
stampfen,
Wir ziehen dennoch unverzagt wider ihn zum
Kampfe.

Erinnerungs-Kalender für 1813.

Monat Mai.

Kriegs-Nachrichten.

1. Vorpostengefecht vor Rippach.
2. Schlacht bei Lützen und Groß-Görschen; Prinz Leopold von Hessen-Homburg fällt. — Einnahme von Halle durch Bülow.
4. Der französische Angriff auf den preußischen Nachtrab bei Colditz zurückgeworfen.
5. Macdonald besetzt Colditz; Gefechte zwischen dem Vicekönig von Italien und den Generalen Miloradowitsch und Steinmetz bei Waldheim. — Abbruch der diplomatischen Beziehungen zwischen Rußland und Dänemark.
6. In Berlin wird der Landsturm aufgeboten. — Die Preußen passiren die Elbe bei Meißen und Mühlberg.
7. Die Russen gehen bei Dresden über die Elbe zurück. — Der österreichische Minister Graf Stadion im russischen Hauptquartier.
8. General Bülow zum Oberbefehlshaber in der Mark ernannt.
9. Angriff der Franzosen auf die Inseln Wilhelmsburg und Ochsenwerder bei Hamburg zurückgeschlagen.
10. Napoleon läßt bei Dresden eine hölzerne Brücke über die Elbe herstellen.
11. Marschall Ney rückt in Torgau ein, wo sich 12,000 Sachsen mit ihm vereinigen.
12. Napoleon führt den König von Sachsen nach Dresden zurück. — Hitzige Gefechte bei Stolpen, Radeberg und Bischofswerda. — Vandamme bemächtigt sich der Schanzen des Fedel bei Hamburg.
14. Beschießung v. Hamburg durch Vandamme.
16. General Bülow in Belitz. — Marschall Victor entsetzt Wittenberg.
17. Gefechte bei Großenhain. — Marschall Ney kommt Napoleon zu Hülfe.
18. Napoleon verläßt Dresden. — Ankunft des Kronprinzen von Schweden in Stralsund zur Uebernahme der Nordarmee.
19. General Tschaplitz wirft vor Königswartha die italienische Division unter General Peri.
20. Schlacht bei Bautzen, erster Tag.
21. Schlacht bei Würschen; Rückzug der Verbündeten nach Schlesien.
22. Angriff Napoleons auf die zurückziehenden Russen und Preußen bei Reichenbach i. d. Lausitz blutig abgeschlagen. — Aufruf des dänischen Prinzen Christian Friedrich zu Christiania zur Treue für den dänischen Königsstamm.
23. Napoleon in Görlitz. — Uebergang preußischer und russischer Streifcorps über die Elbe.
24. Die Franzosen überschreiten die schlesische Grenze. — Kosacken unter Borissow überfallen die Reiterei des Generals Poinsot bei Cönnern und nehmen den General, 2 Obersten und 380 Mann gefangen.
25. Gefecht zwischen den Verbündeten und den Franzosen unter Macdonald an der Queiß. — Der König von Preußen wieder in Breslau. — Barclay de Tolly wird zum russischen Obergeneral ernannt.
26. Niederlage der Franzosen unter General Maison durch einen preußisch-russischen Ueberfall bei Heynau.
27. Napoleons Hauptquartier in Liegnitz. — Die Blokade von Glogau wird aufgehoben.
28. Gefecht bei Hoyerswerda zwischen Bülow und Oudinot.
29. Caulaincourt wird von Napoleon in das Lager der Verbündeten geschickt, um über den Waffenstillstand zu verhandeln. — Die Alliirten ziehen sich aus Hamburg zurück.
30. Hamburg von den Franzosen wieder besetzt. — Czernitscheff's Ueberfall des westfälischen Generals Ochs bei Halberstadt.
31. Die Franzosen besetzen Breslau. — Der Friedensvorschlag Englands, Rußlands und Schwedens von Dänemark abgewiesen.

Vermischte Nachrichten.

1. Jacques Delille, der berühmte französische didaktische Dichter, † zu Paris. — Heinrich v. Eckhel, k. bayr. Geheimrath und Generaldirector der Finanzen, † in München. — 2. Tod des Prinzen August geboren von Preußen, Bruder Friedrichs des Großen. — 5. Zusammentritt des Landsturms in Berlin; Schleiermacher und andere Professoren bewaffnen sich mit der Pike. — 13. Beginn der Leipziger Buchhändlermesse und Forgang der verlängerten Ostermesse. — Der Meßkatalog der Buchhändler enthält 1310 Titel von Büchern, Landkarten und Musikalien, meist werthlose Sachen. — 14. Badische Verordnung zur Aufhebung der standes- und grundherrlichen Gerichtsbarkeit. — 16. Verkündigung eines neuen Strafgesetzbuchs in Bayern. — 18. Ernennung des Grafen Tettev v. Einsiedel zum f. sächsischen Kabinetsminister. — 22. Napoleon befiehlt auf dem Schlachtfelde bei Würschen die Errichtung eines Denkmals auf dem Mont Cenis zur Erinnerung des Sieges. — 24. Tod des Oberhofmarschalls Turoc, Herzogs von Friaul. — 31. Tod des Prinzen Friedrich Vollrath zu Löwenstein-Wertheim. — Die Pest in Malta.

Monatspruch:

Fließ hin mein Blut so purpurroth,
Erstirb mein Blick und werde trübe,
Bleib' ich doch treu bis in den Tod
Dem Vaterland und meiner Liebe.

Monat Juni.

Kriegs-Nachrichten.

1. Der Kaiser von Oesterreich begibt sich von Laxenburg nach Gitschin in Böhmen.
2. Die Engländer unter General Murray landen mit einer starken Flotte zur Belagerung von Tarragona.
3. Major Lützow überschreitet die Ilm bei Weimar.
4. Waffenstillstand zwischen Frankreich einer= und Preußen und Rußland andererseits zu Poischwitz in Schlesien. — Sieg des Gene= rals v. Bülow über Marschall Oudinot bei Luckau.
5. Napoleon begibt sich von Liegnitz nach Dresden zurück.
6. Major Lützow in Plauen.
7. Gefecht bei Leipzig zwischen der französ. Besatzung und den Verbündeten unter Czerni= tscheff und Woronzow durch die Nachricht vom Waffenstillstande unterbrochen.
8. Hamburg wird zu einer Strafabgabe von 48 Millionen Franken, bis zum 12. Juli zahl= bar, verurtheilt; die Stadt soll zur Festung umgewandelt werden.
10. Napoleons Ankunft in Dresden.
11. Graf Bubna folgt Napoleon zum Fort= gang der Unterhandlungen nach Dresden.
12. Kaiser Franz langt in Gitschin an. — Alle Streifpartheien sollen nach Artikel 10 des Waffenstillstandes an diesem Tage auf das rechte Elbufer zurückgewichen sein.
13. Entsetzung von Tarragona durch Mar= schall Suchet; die Engländer ziehen sich nach Alicante zurück. — General Murray im Befehl durch Bentink ersetzt.
14. England schließt einen Subsidienvertrag mit Preußen.
15. Subsidienvertrag zwischen Großbritan= nien und Rußland zu Reichenbach in Schlesien.
17. Verrätherischer Ueberfall gegen das Lützow'sche Freicorps bei Kitzen unweit Leipzig während des Waffenstillstandes durch General Normann.
18. Lützow rettet sich mit 21 Reitern, darun= ter der verwundete Theodor Körner, gegen den Harz.
19. Das ganze österreichische Heer wird auf Kriegsfuß gesetzt und die Organisation der Landwehr befohlen.
20. Persönliche Zusammenkunft der verbün= deten Monarchen mit Kaiser Franz in Jo= sephstadt. — Leipzig in Belagerungszustand erklärt.
21. Wellingtons Sieg bei Vittoria macht dem Waffenglück der Franzosen in Spanien ein Ende. — Wellington zum Feldmarschall der englischen Armee ernannt.
22. Ausweichende österreichische Antwort auf die Anfrage des Herzogs von Bassano vom 15. wegen des zu berufenden Friedenscon= gresses und des Fortbestandes der französisch= österreichischen Allianz. — General Normann kehrt von seiner Verfolgung der Lützower nach Leipzig zurück.
23. Berthier richtet im Namen des Kaisers ein Erklärungsschreiben an den Obergeneral Barclay wegen des Ueberfalls der Lützower.
25. Befehl, daß die Rechtspflege in War= schau im Namen des russischen Verwaltungs= rathes ausgeübt werde.
27. Vertrag der Verbündeten mit Oesterreich zu Reichenbach in Schlesien. — Metternichs Note an Napoleon, worin das Pariser Bünd= niß zwischen beiden Mächten für aufgehoben erklärt wird.
28. Metternich in Dresden, seine Unter= redung mit Napoleon.
29 Napoleon hebt nun seinerseits in einer Note den Alliauzvertrag mit Oesterreich auf.
30. Kaiser Napoleon nimmt die unbedingte Friedens=Vermittelung Oesterreichs an.

Vermischte Nachrichten.

5. Starke Erderschütterungen in Innsbruck und Ungarn; Schneefall in Böhmen. — 6. Der nordamerikanische General Chandler wird durch einen nächtlichen Ueber= fall von den Engländern gefangen genommen. — 10. Die Juden erhalten das Bürgerrecht in Bayern. — Die Landwehr in Oesterreich soll neu organisirt und auf 70,000 Mann gebracht werden. — 11. Verbren= nung englischer Waaren in Straßburg. — 12. Die russi= schen Banknoten müssen in Preußen von Jedermann als Zahlung angenommen werden. — 27. Die Pforte giebt den Russen den Getreidehandel auf dem schwarzen Meere frei, die Hälfte muß aber immer in Constan= tinopel zu 5 Piaster der Tschilo verkauft werden, das Uebrige kann ins Mittelmeer ausgeführt werden. — Der Herzog von Dalmatien erhält als Lieutenant des Kaisers den Oberbefehl der Armee in Spanien. — Die Türken verlassen Zettin in Illyrien und ver= sprechen den Franzosen allen Schaden zu ersetzen.
28. General Gerhard David v. Scharnhorst, am 10. Nov. 1756 zu Hämelsee in Hannover geboren, † zu Prag in Folge der bei Großgörschen erhaltenen Wunden.

Monatsspruch:

Waffenstillstand? mag sein, nur kein fauler Friede.

Erinnerungs-Kalender für 1813.

Monat Juli.

Kriegs-Nachrichten.

3. Meldung Metternichs an den Herzog von Bassano wegen Verschiebung des Friedens-congresses bis zum 8. Juli.
4. Marschall Suchet beginnt den Rückzug aus Valencia.
6. Zusatzartikel zum Reichenbacher Vertrage zwischen Großbritannien und Rußland zu Peterswaldau in Schlesien.
8. Kaiser Franz in Schloß Brandeis bei Prag. — Der Congreß abermals hinausgeschoben.
9. Zusammenkunft des Kaisers von Rußland, des Königs von Preußen und des Kronprinzen von Schweden zu Trachenberg. — Die Franzosen ziehen sich aus Saragossa nach Jaca zurück.
10. Der Allianz-Vertrag zwischen Frankreich und Dänemark wird in Paris verkündigt.
11. Die Generale Krusemark und Schuwalow, Bevollmächtigte der Verbündeten, erklären dem französischen Abgesandten, keine Vollmacht zur Verlängerung des Waffenstillstandes erhalten zu haben.
12. Abschluß der Uebereinkunft zu Trachenberg. — Graf Metternich, der russische Baron v. Anstetten und Freiherr v. Humboldt langen zum Congreß in Prag an.
14. Napoleon läßt die Vorstädte der Dresdener Altstadt befestigen.
15. Der König von Preußen kommt in der Mark an, um bis zum 23. Juli in dieser Provinz zu verweilen.
16. Generalissimus Barclay ertheilt seine Einwilligung zur Verlängerung des Waffenstillstandes. — Fortwährender Durchzug französischer Truppen durch Frankfurt a. M.
17. Napoleon hebt den Belagerungszustand in Leipzig auf.
18. König Friedrich Wilhelm III. hält eine Heeresmusterung bei Potsdam, wobei er durch eine patriotische Ansprache die Truppen begeistert.
19. Graf Narbonne begibt sich von Wien zum Congreß nach Prag.
20. Napoleon läßt seine Truppen bei Luckau Revue passiren.
22. Das dänische Corps unter dem Prinzen Friedrich von Hessen vereinigt sich mit Davoust, besetzt Lübeck und bringt gegen Magdeburg vor.
23. Soult tritt den Oberbefehl über die französische Armee in Spanien mit einem Tagesbefehl an.
24. Der Stadt Hamburg wird von den Franzosen eine Amnestie, die jedoch 19 Personen ausnimmt, zugestanden. — Der Kronprinz von Schweden in Berlin. — Die Türken von den Serben an der Morawa geschlagen.
25. Ein Angriff des englischen Generals Graham auf St. Sebastian wird zurückgeworfen.
26. Kaiser Napoleon und Marie Louise in Mainz. — Unterzeichnung der Uebereinkunft zur Verlängerung des Waffenstillstandes bis zum 10. August.
26.—30. Schlachten in den Pyrenäen zwischen Wellington und Soult, Rückzug des Letzteren.
27. Kaiser Franz unterzeichnet die Bundesakte zwischen Oesterreich, Rußland und Preußen.
29. Caulaincourt, Herzog von Vicenza, kommt im Auftrag Napoleons zum Prager Congreß. — Blutige Schlacht bei Pampelona; Engländer und Spanier ziehen sich zurück.
30. Heftiges Gefecht Hill's mit den Franzosen bei Figueras; Soult weicht vor den Engländern.
31. Die Bevollmächtigten der Verbündeten und Napoleons in Prag beginnen die Verhandlungen durch schriftliche Noten.

Vermischte Nachrichten.

1. Oesterreich gestattet die Einfuhr des Kaffee's gegen Entrichtung eines Consumzolls. — 2. Gräfin Fanny Beauharnais, Verfasserin mehrerer Romane und anderer Schriften, † in Paris. — 3. In Bayern werden alle nicht vom Heroldsamte bestätigte Adelstitel als erloschen erklärt. — 4. Auf dem Napoleonsplatz in Metz fällt Schnee so dicht wie im December. — 5. In Leipzig wird der auf die Kolonialwaaren gelegte Beschlag aufgehoben. — 9. Fürst Colombrano, vormaliger k. neapolitanischer Gesandter am bayrischen Hofe, † in München. — 13. Große Ueberschwemmung am Rhein und in der Schweiz. — 15. Die Universität Halle wird vom König von Westfalen aufgehoben. — 17. Leipzig wird einer strengen Polizeigewalt unterworfen, wobei die Gerichtsbarkeit der Universität und des Stadtraths unterdrückt wird. — 23. Furchtbarer Orkan auf Martinique. — 24. In Baden wird ein neues Hofgericht für den See- und Donaukreis errichtet. — 26. Ein Orkan richtet in Norwegen große Verheerungen an. — 27. In Hessen wird durch großh. Verordnung die Braunkohlenheizung befohlen. — 28. Ein furchtbarer Orkan verheert Jamaika und die bermudischen Inseln. — 29. Allmälige Abnahme der Pest auf Malta. — 30. Neue Kriegssteuern in Baden von 600,000 Gulden. — 31. Umwandlung der dänischen Reichsbank in eine Privatbank.

Monatsspruch:

Zieh' mit uns, mächt'ges Oesterreich,
An Siegen und an Ehren reich.

Monat August.

Kriegs-Nachrichten.

4. Napoleon langt wieder in Dresden an.
6. General Kleist bewerkstelligt seine Vereinigung mit den Oesterreichern in Böhmen. — Note Caulaincourts an Metternich in Prag; geheime Unterredung zwischen Beiden. — Ankunft General Moreau's in Stralsund.
7. Metternich beim Kaiser Franz in Brandeis.
8. Graf Metternich weist von neuem jede mündliche Unterhandlung mit Caulaincourt zurück; Mittheilung besonderer Friedensbedingungen Oesterreichs an Frankreich.
10. Aufkündigung des Waffenstillstandes. — Napoleons Antwort auf die Sondervorschläge Oesterreichs, worauf er nur theilweise eingehen will.
11. 100,000 Preußen und Russen unter Barclay marschiren von Schlesien nach Böhmen.
12. Graf Metternich übergibt zu Prag die Kriegserklärung Oesterreichs an Frankreich.
13. Krakau wird von den Oesterreichern in Besitz genommen.
14. Zusammenkunft zwischen den Herrschern von Oesterreich und Rußland in Prag. — Murat langt zur Theilnahme am Kriege bei der französischen Armee in Dresden an.
15. Napoleon begibt sich von Dresden nach Bautzen.
16. Blücher besetzt noch vor Ablauf des Waffenstillstandes das neutrale Gebiet.
17. Ablauf des Waffenstillstandes; Fürst Schwarzenberg erläßt seinen ersten Armeebefehl. — Die Oesterreicher gehen unter Hiller bei Agram über die Save.
18. Der König von Preußen trifft in Prag ein. — Napoleons Hauptquartier in Görlitz, Blüchers Hauptquartier in Goldberg.
19. Napoleon nimmt die Pässe nach Böhmen ein und rückt bis Gabel vor. — Gefechte in Schlesien.
21. Napoleon greift das schlesische Heer mit 135,000 Mann an; letzteres zieht sich hinter die Katzbach zurück. — Vortruppengefecht zwischen der Armee von Oudinot und dem Nordheere bei Trebbin in der Mark.
22. Das große böhmische Heer überschreitet die sächsische Grenze; Wittgenstein erstürmt das feste Lager Gouvion St. Cyr's bei Pirna.
23. Schlacht bei Großbeeren; die Preußen unter Bülow schlagen die Armee des Marschalls Oudinot. — Erneuter Versuch Napoleons zu einer Schlacht mit Blücher; Gefechte von Goldberg bis Liegnitz; Blücher bricht den Kampf am Abend ab. — Frimont greift Villach an und behauptet den Stadttheil diesseit der Drau.
24. Napoleon eilt mit den Garden und den Corps von Mortier und Marmont Dresden zu Hilfe. — Fernere Gefechte der Franzosen mit den Verbündeten zwischen Jauer und Goldberg. — Der französische Senat bewilligt eine neue Aushebung von 30,000 Mann.
25. Die Colonnen des großen böhmischen Heeres kommen vor Dresden an.
26. Sieg Blüchers über die Franzosen an der Katzbach. — Ankunft Napoleons in Dresden; das verbündete Heer greift die Stadt an. — Jüterbogk mit Sturm genommen.
27. Schlacht bei Dresden; General Moreau verwundet, die Alliirten ziehen sich nach Böhmen zurück.
28. Uebergang Blüchers über die Katzbach. — Das befestigte Luckau in der Niederlausitz geht durch Capitulation an die Preußen über.
29. Tapferer Widerstand des Prinzen Eugen von Württemberg gegen die Uebermacht Vandamme's auf der Straße nach Teplitz.
30. Niederlage und Gefangennahme des Generals Vandamme bei Culm in Böhmen. — Hitziges Gefecht in Schlesien zwischen Yorck und dem französischen Nachtrab.

Vermischte Nachrichten.
1. Aufhebung der Leibeigenschaft im Herzogthum Nassau. — Eröffnung der Universität zu Christiania. — 9. In Amsterdam werden für 3 Millionen Frcs. englische Waaren verbrannt. — 11. Großes Musikfest der schweizer Musikgesellschaft in Bern. — 12. Dänischer Befehl zur Aufhebung aller Verbindung zwischen Holstein und Mecklenburg. — 15. Sieg der Türken über die Serben bei Negotin, der zur Eroberung Serbiens führt. — 16. Erste Besteigung des Finsteraarhorn durch die Gebrüder Meyer aus Aarau. — 19. In Bayern wird die bürgerliche Gerichtsbarkeit suspendirt und das Kriegsgericht eingeführt. — 21. Das Privilegium der englisch-Ostindischen Compagnie wird bis zum 1. Aug. 1814 verlängert. — Tod der verwittweten Königin Sophie Magdalene von Schweden. — 25. Zerstörende Ueberschwemmung bei Krakau, sowie in mehreren Gegenden Ungarns und Schlesiens. — 26. Theodor Körner fällt in einem Gefecht an der Straße von Schwerin nach Gadebusch. — 27. Eröffnung des großen Hafenbassins zu Cherbourg in Gegenwart der Kaiserin Marie Louise. — 28. Furchtbare Ueberschwemmung in Warschau. — 30. Geburt der Prinzessin Mathilde von Bayern, nachmaligen Großherzogin von Hessen, † am 25. Mai 1862. — 31. Ausbruch des gelben Fiebers in Malaga.

Monatsspruch.
Franzosen: hütet euch vor den Bächen,
Die da von Thieren sprechen.
Roßbach — Katzbach — Seydlitz — Blücher.

Monat September.

Kriegs-Nachrichten.

1. Oudinot vom Befehl der französischen Nordarmee entfernt, Ney tritt an seine Stelle.
2. Davoust räumt Schwerin. — Das Blüchersche Heer geht über die Görlitzer Neisse und Fürst Madatow nimmt ein feindliches Bataillon bei Würschen gefangen.
3. Kriegserklärung Dänemarks an Schweden. — Die Verbündeten erstürmen mehrere Schanzen bei Danzig. — Napoleon geht mit den Garden Blüchern entgegen und
4. greift seinen Vortrab bei Hochkirchen an; Blücher zieht sich nach Schlesien zurück. — Tettenborn und Lützow vertreiben die Franzosen aus Mölln.
5. Die Preußen bei Zahna und Sayda zurückgetrieben.
6. Sieg der Verbündeten bei Dennewitz. — Napoleon's Rückkehr nach Dresden. — Wittgenstein wirft das 14. französische Corps nach Dresden zurück. — Grenier greift das österreichische Lager bei Feistritz mit Erfolg an, dagegen wird der italienische General Belotti im Gebirge mit 1000 Mann gefangen.
8. Napoleon rückt aus Dresden wieder gegen die böhmische Grenze vor.
9. Abschluß der Tripel-Allianz zu Teplitz zwischen Oesterreich, Rußland und Preußen.
10. Gefecht gegen Napoleon bei Nollendorf; die Franzosen müssen zurückweichen.
11. Napoleon wieder in Dresden.
12. Thielmann vertreibt die Franzosen aus Weißenfels und macht 1254 Gefangene — Naumburg ergibt sich dem preußischen Rittmeister Grafen von Wartensleben.
14. Sieg der Russen bei Nollendorf und Peterswalde. — Blücher drängt den Marschall Macdonald nach Dresden zu.
15. Napoleon wirft die Alliirten wieder vom Gebirge herab. — Wallmoden und Tettenborn sind in der Nacht bei Dömitz über die Elbe gegangen.
16. Wallmoden vernichtet ein französisches Corps unter dem General Pecheux im Lüneburgischen an der Göhrde.
17. Zweites Gefecht bei Nollendorf; Napoleon zurückgetrieben. — Gefecht bei Mühlberg.
18. Thielemann nimmt Merseburg.
19. Napoleon zieht sich aus Böhmen zurück, um sich nur noch in Dresden zu behaupten.
20. Nennsdorf befreit bei Lützen 600 preußische und russische Gefangene. — Thielemann nimmt einen feindl. Transport bei Kösen weg.
22. Letzter Angriff auf Blücher bei Bischofswerda und Bautzen. — Oberstlieutenant v. d. Marwitz rückt in das Königreich Westfalen ein.
23. Blücher zieht sich vor den Franzosen an die Spree zurück. — Das 1. Bataillon des sächsischen Königsregiments unter Major v. Bünau geht zum Heere des Kronprinzen von Schweden über.
24. General Bülow besetzt die Vorstädte von Wittenberg.
25. Braunschweig wird durch die preußischen Reiter unter Merwitz befreit. — Bennigsen erreicht mit dem polnischen Heere Leitmeritz.
26. Blücher marschirt nach der Elbe. — Augereau bricht von Würzburg nach Sachsen auf.
27. Aufbruch des großen böhmischen Heeres nach Sachsen. — Die Franzosen ziehen sich von Großenhain zurück und gehen bei Meißen über die Elbe. — Thielemann schlägt Lefebvre-Desnouettes bei Altenburg.
28. Czernitscheff erscheint vor Kassel; König Jerome flieht. — Gefecht bei Brixneck in Tirol zum Vortheil des Feindes. — Bennigsen stößt mit dem 60,000 Mann starken Rückhaltsheere zur böhmischen Armee.
29. Die Oesterreicher vor Laibach und Triest.
30. Londoner Vertrag zwischen Großbritannien und Rußland.

Vermischte Nachrichten.
1. Das Denkmal des Dichters v. Collin wird in der v. Brede, auf Speckbacher und Aschbacher in Tirol zu fahnden. — 24. André Ernest Modeste Grétry, bedeutender Componist. † zu Ermenonville. — 27. Zu Krei-

Erinnerungs-Kalender für 1813.

Monat Oktober.

Kriegs-Nachrichten.

1. Czernitscheff verkündigt in Kassel die Auflösung des Königreichs Westfalen.
3. Dork schlägt Bertrand bei Wartenburg an der Elbe, das schlesische Heer geht über den Strom. — Allianzvertrag zwischen Oesterreich und England zu Teplitz.
4. Die alliirten Monarchen brechen mit dem Schwarzenberg'schen Hauptquartier von Teplitz auf. — Der Kronprinz von Schweden nimmt sein Hauptquartier in Dessau.
5. Schwarzenbergs Hauptquartier in Marienberg.
6. Das große böhmische Heer bei Chemnitz. — Die französischen Streitkräfte ziehen sich bei Wurzen zusammen.
7. Napoleon verläßt Dresden. — Unterredung zwischen Blücher und dem Kronprinzen von Schweden zu Mühlbeck. — Die französische Herrschaft in Kassel wieder hergestellt.
8. Allianzvertrag zu Ried zwischen Oesterreich und Bayern. — Blüchers Hauptquartier in Düben; Napoleons Hauptquartier in Wurzen. — Bubna stürmt den Brückenkopf von Pirna. — Brixen wird von den Oesterreichern besetzt. — Feldmarschalllieutenant Hiller nimmt die starke feindliche Stellung bei Tarvis.
9. Reitergefecht bei Wethau. — Siegreiches Gefecht der Alliirten unter Bennigsen gegen die Corps von Lobau und St. Cyr bei Dohna.
10. Hauptquartiere Blüchers und Bülows bei Zörbig.
11. Schwarzenbergs Hauptquartier in Altenburg. — Der preußische General Hirschfeld wirft die Franzosen bei Aken.
12. Blücher und der Kronprinz von Schweden stellen ihre Vereinigung über Merseburg her; Giulan besetzt Weißenfels.
13. Die Franzosen nehmen ihre Stellung bei Leipzig.
14. Bayerns Kriegserklärung an Frankreich. — Gefecht bei Liebertwolkwitz bei Leipzig.
15. Das große böhmische Heer stellt sich bei Leipzig auf. — Wrede rückt vor; sein Aufruf an die bayerischen Soldaten.
16. Erster Tag der Völkerschlacht bei Leipzig.
17. Blüchers Angriff. — General Bennigsen kommt in Naunhof. Colloredo bei der großen Armee und der Kronprinz von Schweden bei Taucha an. — König Jerome hält noch einmal einen feierlichen Einzug in Kassel.
18. Haupttag der Völkerschlacht bei Leipzig.
19. Napoleon verläßt Leipzig. — Tod des Fürsten Poniatowski in der Elster. — Einzug der verbündeten Monarchen in Leipzig.
21. Niederlage der Franzosen bei Freiburg an der Unstrut durch Dork und Langeron. — Blücher zum Feldmarschall ernannt.
22. Dänemark erklärt an Preußen und Rußland den Krieg. — Der König von Sachsen nach Berlin gebracht. — Gefecht b. Buttelstedt. — Dork erstürmt Eisenach. — Ausfall der Franzosen aus Torgau.
24. Würzburg von den Oesterreichern und Bayern unter Wrede beschossen. — Einzug König Friedrich Wilhelm III. in Berlin.
25. General Wallmoden besetzt Hannover.
26. Der König von Westfalen verläßt Kassel. — Würzburg capitulirt.
27. General Wrede in Würzburg.
28. Wrede nimmt Besitz vom Frankfurtischen Lande.
29. Die österreichisch-bayerische Avantgarde unter General Delamotte schlägt die Franzosen bei Gelnhausen.
30. Schlacht zwischen dem bayerischen Heere unter Wrede und den Franzosen bei Hanau; Napoleon erzwingt seinen Rückzug.
31. Hanau wird von den Bayern und Oesterreichern im Sturm wieder genommen; General Wrede verwundet.

Vermischte Nachrichten.

1. Das neue bayrische Strafgesetzbuch tritt in Kraft. — 6. Der Herzog von Holstein-Eutin wahrt in einer Bekanntmachung in der Frankfurter Zeitung sein Erbrecht auf das Vermögen seiner Mutter, der verstorbenen Königin Sophie Magdalene von Schweden. — 7. Der als Schriftsteller rühmlich bekannte Oberpfarrer Johannes Ith † zu Bern. — 10. Französisches Decret, wodurch der französische Orden der drei goldenen Vließe wieder aufgehoben wird. — 13. Durch einen furchtbaren Sturm wird der Untergang zahlloser Schiffe an den schwedischen Küsten verursacht. — 14. Erscheinen der von J. A. Brodhaus herausgegebenen „Deutschen Blätter". — 17. Eröffnung der großen Brücke oder dem Po zu Turin. — 20. Erhebung des Grafen Clemens Wenzel Lothar von Metternich in den österreich. Fürstenstand. — Heftige Feuersbrunst in den Speichern von Königsberg. — 21. Geburt der Prinzessin Josephine von Baden, nachmaligen Fürstin von Hohenzollern-Sigmaringen. — 22. Aufhebung der Continentalsperre in Sachsen. — 23. In Bayern wird die Continentalsperre aufgehoben. — 25. Christoph Wilhelm Koch, Rector und Mitglied des protestantischen Generalconsistoriums, auch als Schriftsteller hochgeschätzt, † zu Straßburg. — 30. Graf Ferdinand v. Rohan, vormaliger Erzbischof von Cambray und erster Almosenier der Kaiserin, † zu Paris.

Monatsspruch:

Bei Leipzig in der Völkerschlacht
Da ward zertrümmert Napoleon's Macht.

Erinnerungs-Kalender für 1813. XVII

Monat November.

Kriegs-Nachrichten.

1. Rückzug der Franzosen über den Rhein.
2. Württemberg, Hessen-Darmstadt und die thüringischen Staaten treten dem Bunde gegen Frankreich bei. — Napoleon in Mainz. — Uebergang der Oesterreicher über die Piave.
3. Verkündigung der Herstellung des Kurfürstenthums Hannover.
4. Straßburg und Mainz in Belagerungszustand erklärt. — Der Herzog von Cumberland hält seinen Einzug in Hannover.
5. Kaiser Alexander zieht in Frankfurt a. M. ein. — Mißglückter Ausfall aus Torgau. — Joachim Murat kommt in Neapel an.
6. Kaiser Franz in Frankfurt. — Das Großherzogthum Frankfurt wird als erobertet Staat erklärt. — Gouvion St. Cyr vom Fürsten Wied zwischen Dresden und Torgau zurückgeworfen. — Braunschweig wird für den vertriebenen Herzog durch Major Olfermann in Besitz genommen.
8. General Bertrand aus Hochheim vertrieben. — Ausfall aus Magdeburg, wobei der Feind 1600 Todte und 1100 Gefangene verliert.
9. Napoleon in St. Cloud. — Der König von Preußen ergreift wieder Besitz von seinen Provinzen am linken Weserufer.
10. Die französische Armee unter Soult durch Wellington nach Bayonne hingedrängt.
11. Die Franzosen unter Gouvion St. Cyr übergeben Dresden durch Capitulation an Klenau. — Durch ein k. französisches Decret werden große Auflagen angeordnet.
12. Nassau schließt sich den Verbündeten an.
13. Ankunft der Könige von Preußen und Bayern in Frankfurt a. M.
14. Begrüßung Napoleon's durch den französischen Senat.
15. Aufstand in Amsterdam gegen die französische Herrschaft. — Französischer Senatsbeschluß über Aushebung von 300,000 Conscribirten.
16. Der Kronprinz von Schweden bricht von Hannover auf. — Die Engländer blokiren die nordamerikanischen Häfen von Long-Island bis zum Mississippi.
17. Schwarzenberg ratificirt die Capitulation von Dresden nicht; die französische Garnison wird nach Böhmen abgeführt. — Davoust verbrennt sein Lager bei Ratzeburg.
18. Die französischen Militär- und Civilbehörden verlassen Amsterdam.
19. Seit vier Tagen Gefechte bei Caldiero zwischen Feldmarschall-Lieutenant Hiller und dem Vicekönig von Italien, der nach Verona zurückweicht.
20. Verkündigung des Großherzogs von Baden über seinen Rücktritt vom Rheinbunde. v. Lebzeltern als österreichischer Unterhändler noch ohne diplomatischen Character in Zürich.
21. Einzug des Kurfürsten von Hessen in Kassel. — Stettin capitulirt.
22. Uebergabe der Festung Jamosc in Polen.
23. Der Kronprinz von Schweden besetzt Lüneburg und vereinigt sich mit Wallmoden. — Der preußische General Oppen nimmt Doesburg.
24. Die ersten Kosacken in Amsterdam. — Die Preußen nehmen nach heftigem Gefechte Jütphen.
25. Uebergabe der Festung Modlin in Polen.
28. Macdonald führt Verstärkungen nach Arnheim in Holland. — Ausfall aus Torgau zurückgeschlagen.
29. Die Reußischen, Lippeschen und andere kleine Staaten entsagen dem Rheinbunde. — Arnheim durch General Bülow erstürmt.
30. General Rapp übergibt Danzig. — Die Franzosen suchen bei einem Ausfall aus Magdeburg die Gegend mit Mord und Plünderung heim.

Vermischte Nachrichten.

1. Die Vorlesungen an der Leipziger Universität werden wieder eröffnet. — 4. Eröffnung des englischen Parlaments durch den Prinzregenten mit einer triumphirenden Thronrede. — 6. Aufhebung der Continentalsperre in Württemberg. — 10. In Torgau wüthet eine bösartige Krankheit, welche Tausende hinwegrafft. — 11. Der nach Neapel zurückgekehrte König Murat eröffnet seine Häfen allen neutralen Flaggen. — 15. Wiederherstellung der Universität Halle durch den König von Preußen. Eröffnung einer außerordentlichen Tagsatzung in der Schweiz. — 17. Tod des Grafen Narbonne, Kommandanten von Torgau, durch einen Sturz vom Pferde. — 22. Johann Christian Reil, der berühmte Mediziner, † in Halle. — Durch ein k. Decret erhält das Domstift in Neapel die ihm seit 1806 entzogenen Einkünfte zurück. — 24. Tod des französischen Divisionsgenerals Walther, Oberst der Garde-Grenadiere, zu Paris. — 25. Der Fürst-Primas v. Dalberg, gewesener Großherzog von Frankfurt, ertheilt dem katholischen Schweizerkantonen die Zusage, das Amt eines Bischofs übernehmen zu wollen. — 28. In Mainz und Frankfurt herrschen epidemische Krankheiten in so hohem Grade, daß die Garnisonen der Stadt bivouakiren.

Monatsspruch:

Fort mit den Franzosen über den Rhein,
Und Wellington dringe in Frankreich ein.

Monat December.

Kriegs-Nachrichten.

2. Die Verbündeten gehen bei Düsseldorf und anderen Punkten über den Rhein und nehmen Neuß mit Sturm. — Davoust zieht sich nach Hamburg zurück. — Zusammentritt des gesetzgebenden Körpers in Paris.
3. General Bülow schließt Gorkum ein, nachdem er Utrecht besetzt hat.
4. Der Kronprinz von Schweden überschreitet mit seinem Heere die Stecknitz.
5. Die feindliche Stellung bei Landwehr an der Stecknitz wird genommen, Lübeck ergibt sich.
6. Wilhelm Friedrich von Oranien ruft das niederländische Volk zu den Waffen. — Der Kronprinz von Schweden setzt seinen Marsch auf Kiel fort.
7. Siegreiches Gefecht gegen die Dänen bei Bornhövel.
9. Tettenborn's Kosacken überschreiten die Eider und besetzen Friedrichstadt, am folgenden Tage Tönningen und Husum. — Jara ergibt sich den Oesterreichern auf Capitulation.
10. Gefecht zwischen Wallmoden und den Dänen bei Seestädt.
10. bis 13. Gefechte vor der Bay von Bayonne; die deutschen Regimenter von Nassau und Frankfurt gehen zu Wellington über.
11. Die englische Regierung erklärt die Blokade der holländischen Küste für aufgehoben. Das Hauptwerk von Torgau fällt.
13. Soult zieht sich, wiederholt von den Engländern geschlagen, in sein verschanztes Lager nach Bayonne zurück.
14. Frankfurt a. M. erhält seine freie Stadtverfassung zurück. — Die Oesterreicher und Russen unter Bubna überschreiten die schweizer Grenze bei Basel.
15. Feldmarschalllieutenant Bellegarde übernimmt den Oberbefehl in Italien.
16. Hauptquartier des Kronprinzen von Schweden in Kiel und Abschluß eines Waffenstillstandes mit Dänemark. — Ein Hauptausfall der Franzosen aus Magdeburg blutig zurückgeschlagen.
17. General Bülow nimmt die Insel und Stadt Bommel, sowie Grevecoeur.
19. Die Festung Friedrichsort an der Kieler Bucht capitulirt. — Napoleon erscheint im gesetzgebenden Körper und hält eine Anrede an denselben.
20. Starker Ausfall der Franzosen aus Antwerpen, um Breda wieder zu nehmen; sie müssen nach drei Tagen erfolglos abziehen.
21. 200,000 verbündete Truppen überschreiten bei Basel den Rhein. — Schwarzenberg's Proclamation an das französische Volk, sowie an die Schweizer.
22. Glückstadt wird von den Schweden eingeschlossen.
24. Die alte Regierung von 1798 wird in Bern wieder eingeführt; Waadt und Aargau sollen wieder mit Bern vereinigt werden. — Die eidgenössischen Truppen werden entlassen.
25. Schloß Blamont im Elsaß wird überrumpelt; Fort Landseeren im französischen Departement Ober-Rhein ergibt sich an Wrede.
26. Torgau wird von den Franzosen an Tauentzien übergeben.
17. Aargau und Waadt protestiren gegen ihre Vereinigung mit Bern; das hierauf bezügliche Decret wird vernichtet.
28. Tauentzien eröffnet die Belagerung von Wittenberg, das erst am 14. Jan. 1814 fällt.
30. Einnahme von Genf durch die Oesterreicher unter Bubna.
31. Die Versammlung des französischen gesetzgebenden Körpers wird von Napoleon vertagt.

1814.
31. März. Einzug der Verbündeten in Paris.

Vermischte Nachrichten.

1. Wiederherstellung des fürstl. Thurn und Taris'schen Postwesens. — 2. General Meunier und Prefect Jean Bon St. André sterben am Spitalfieber zu Mainz. — 3. Der berühmte italienische Gelehrte und Schriftsteller Lamberti † zu Mailand. — 0. Erstes Erscheinen der „Dresdener Landwehrblätter". — 7. Der kaiserliche Bibliothekar Abbé Tenina, vormals in k. preußischen Diensten, † zu Paris. — 11. Vertrag zwischen Napoleon und Ferdinand VII. zu Valencay wegen Rückgabe des spanischen Thrones. — Ein großer Theil der ärmeren Hamburger Einwohnerschaft wird durch Davoust aus der Stadt getrieben. — 19. Das Fort Niagara in Nordamerika wird von den Engländern überfallen. — Der Buchhändler Heinrich Geßner, Sohn des Dichters Salomon Geßner und Schwiegersohn Wieland's, † in Zürich. — 24. Königlich preußische Verordnung wegen Stiftung einer Kriegsdenkmünze. — 25. Furchtbarer Ausbruch des Vesuv.

Monatsspruch:
Auch jenseits des Rheines liegt deutsches Land,
Ergreift es, Germanen, mit tapferer Hand.

Die Völkerschlacht.

Vorbereitungen zur Schlacht.
Anmarsch der Heeresmassen.

in halbes Jahrhundert ist im Abrollen begriffen, seit auf den Feldern um Leipzig durch die gewaltigste Schlacht, von der die Geschichte auf europäischer Erde zu erzählen weiß, die Befreiung Deutschlands von einem übermächtigen Drucke, unter dem der ganze Welttheil seufzte, erstritten worden ist. Die meisten Länder Europas hatten ihre Söhne zu diesem Waffengange gestellt, und daher ist ihm auch mit Recht der Name einer Völkerschlacht beigelegt worden. Man hatte es versäumt, dem Anwachsen der Macht Frankreichs beizeiten starke Dämme entgegen zu setzen; einzeln erlagen die Staaten einem kriegerischen Volke, das unter der Herrschaft des Cäsar's unserer Zeit ein Uebergewicht erlangte, welches dauerhaft begründet zu sein schien.

Wie unleidlich einheimischer Druck auch ist, unleidlicher ist doch noch der fremde, der durch frechen Uebermuth alle nationalen Gefühle empört und alle Heiligthümer der Menschenbrust antastet. Mit dumpfem Murren wurde das unwürdige Joch ertragen und die Gelegenheit ersehnt, es abzuschütteln. Männer wie Arndt, Fichte, Jahn und Andere befeuerten durch Wort und Lied thatkräftige Entschlüsse, und wäre der Gewaltherrscher nicht verblendet genug gewesen, seinem Glücke blindlings zu vertrauen, so hätte er ahnen können, daß der erste falsche Schritt ihn einem Abgrunde entgegenführen würde.

Napoleon that ihn, als er tief in das Innere von Rußland eindrang und sich von einem frühzeitig eintretenden Winter überraschen ließ. Frost und Hunger rafften sein gewaltiges Heer, die Blüte der abendländischen Völker, hinweg, und in diesem Gottesgericht erkannten die Deutschen, Preußen voran, das Zeichen zur Erhebung. Die Hülfsmittel des französischen Kaiserreichs, dem Napoleon eine große Ausdehnung gegeben hatte, waren jedoch durch den erlittenen furchtbaren Schlag noch längst nicht erschöpft, der Wille des Kaisers, seine Macht zu behaupten, nicht gebrochen, und noch strahlte sein Genius im alten Glanze. Mit welcher Begeisterung auch das preußische Heer, unterstützt von einem russischen Corps, am 2. Mai 1813 in unserer Nähe bei Lützen und Groß-Görschen kämpfte, es mußte der Uebermacht weichen, hatte am 20. und 21. Mai bei Bautzen und Würschen dasselbe Schicksal, und am 1. Juni zogen die Franzosen in Breslau ein.

Um den überlegenen Feind, von dem berühmtesten Feldherrn geführt, zu bewältigen, war die getheilte Macht Deutschlands auch mit der unzureichenden Hülfe Rußlands, das sehr erschöpft aus dem Feldzuge von 1812 hervorgegangen war, nicht mächtig genug. Erst nachdem auch Oesterreich im Laufe eines auf sechs Wochen geschlossenen Waffenstillstandes bewogen ward, dem Bündnisse beizutreten und am 12. August den Krieg an Frankreich zu erklären, trat eine Wendung zum Bessern ein. Zwar blieb den Franzosen am 27. August noch einmal bei Dresden der Sieg, doch von da ab traf sie ein schwerer Verlust nach dem andern. Am 26., 27. und 28. August an der Katzbach, am 30. bei Culm in Böhmen, am 23. August und 6. September bei Goßbeeren und Dennewitz in der Mark geschlagen, blieb dem Kaiser der Franzosen nichts übrig, als seine Streitkräfte bei Leipzig zu versammeln und eine Hauptschlacht zu wagen.

Hierher wurden schon von Ende September an die Kranken und Verwundeten geschafft, deren Zahl sich Tag für Tag in unermeßlicher Weise häufte, sodaß Leipzig ein weites Siechhaus, eine Herberge des Elends und Jammers wurde und Menschen wie Vieh auf seinen Straßen verschmachten sah. Es rückten aber nacheinander die Corps ein, die den furchtbaren Kampf bestehen sollten. Zuerst erschien am 29. September von Meißen her Marschall Marmont, Herzog von Ragusa, dessen Truppen sich im besten Zustande befanden; ihm folgten die Corps von Ney, Reynier, Bertrand und Macdonald,

welche die umliegenden Dörfer besetzten. Doch von entgegengesetzten Seiten
näherten sich auch die Heermassen der Verbündeten, um einen eisernen Ring

Anmarsch der Heeresmassen.

um Leipzig zu ziehen. Während die Franzosen sich von Eilenburg bis Weißen=
fels ausdehnten, um die Verbindung mit Erfurt offen zu halten, reichten die
Linien der Befreier einerseits von Düben bis Halle, streiften andererseits von
Colditz über Gera nach Jena, lagerten zwischen Mulde und Elbe und kamen
besonders an der Nordseite so nahe heran, daß Streifparteien schon am
1. und 8. October mit Marmont's Reiterei zwischen Gohlis und Lindenthal
Scharmützel hatten, und Fußvolk derselben zu Hülfe eilen mußte. Von Erfurt
langte Zuzug für die Franzosen an, die ihre Stellung zu befestigen bemüht
waren und alle Nebeneingänge zu unserer Stadt verpallisadirten. Der Her=

noch an den Grenzen von Böhmen standen, so mußten die näher herange=
rückten Verbündeten einem Stoße auszuweichen suchen, den der Kaiser, welcher
drei Tage in dem kleinen Schlosse von Pretz verweilte, gegen einzelne Abthei=
lungen ausführen konnte und dazu nicht übel Lust zu haben schien. Wirklich
ließ er ein Armeecorps bei Wittenberg die Elbe überschreiten, um Bernadotte,
den Kronprinzen von Schweden, zu bedrohen, der sich unterhalb Dessau zur
Deckung von Berlin aufgestellt hatte. Allein die Zeit war vorüber, um noch
einen kühnen excentrischen Zug wagen zu können. Bei dem täglich und stünd=
lich wachsenden Anmarsch der Verbündeten hatte der Kaiser zu befürchten,
daß ein vorgeschobenes Corps abgeschnitten würde, und es trat für ihn viel=
mehr die Nothwendigkeit ein, alle seine Streitkräfte in die nähere Umgebung
von Leipzig zu ziehen. Diese Bewegung wurde am 14. October von Tages=
anbruch an, bis es zu dunkeln anfing, in guter Ordnung ausgeführt, obgleich
die Truppen in der ganzen Breite der Landstraße marschirten und die Züge
der Artillerie unabsehbar waren.

Ankunft des Königs von Sachsen auf dem Schlachtfelde.

Der vierzehnte October.

Ankunft Napoleon's. — Gefecht bei Liebertwolkwitz. — Begrüßung des Königs von Sachsen. — Schreckensnacht.

n dem Tage, an welchem er vor sieben Jahren das preußische Heer und damit die Monarchie in Trümmer geschlagen hatte, betrat Kaiser Napoleon die Wahlstatt bei Leipzig, doch leuchtete ihm nicht die Sonne von Jena und Auerstädt. Trüb und schwer hingen die Wolken, die sich tagelang in Regenströmen ergossen hatten, noch am Himmel, und ihn empfing der Donner preußischer und österreichischer Geschütze, zu gemeinsamer Rettung einträchtig verbunden, von Liebertwolkwitz her. Der Kaiser eilte sogleich auf den Schauplatz der Gefahr und schlug seinen Feldstuhl an den Grenzmarken des Stadtgebietes in der Nähe des seitdem verschwundenen Galgens auf. Der einzige Comfort dieses Hauptquartiers unter freiem Himmel er wiederholt seine Hände wärmte, die starr wurden, wenn er sich über den vor ihm stehenden Tisch lehnte, um Karten und Pläne zu mustern. Er schien es nicht zu bemerken, daß Neugierige in großer Zahl sich in geringer Entfernung aufstellten und ihn belauschten, während er bald mit dem Fürsten von Neufchatel auf- und abschritt, bald mit dem Fuße einen seitwärts gefallenen Brand in die Flamme stieß, oder, in Nachsinnen vertieft, aus der Dose, die sich fortwährend in seiner Hand befand, eine Prise nach der andern nahm. Die Berichte, welche die Adjutanten brachten, überflog er raschen Blicks und ertheilte seine Befehle, ohne zweifelhaft zu sein, kurz und gemessen, die dann mündlich oder schriftlich unverweilt befördert wurden. Die militärischen Gruppen um ihn her bildeten eine steife und stumme Staffage, die bewegende Kraft war der Kaiser allein. Hatte er die ihm zukommenden Berichte gelesen oder angehört, die Antworten ertheilt, die vor ihm ausgebreiteten Karten überblickt, die Stellungen, welche seine Truppen innehatten oder einnehmen sollten, mit Stecknadeln bezeichnet, so schien er in völliger Klarheit über die Lage der Dinge. Auf seinem bronzenen Gesicht thronte wol Ernst, allein man sah ihm keine Niedergeschlagenheit, kein unsicheres Schwanken der Entschlüsse an.

Der Kaiser hatte auf der Stelle erkannt, daß es sich noch nicht um die Einleitung zur Schlacht, sondern um einen Zusammenstoß mit den gegnerischen Vortruppen handelte. Es war Graf Wittgenstein, der mit den Corps der Generale Klenau und Kleist eine forcirte Recognoscirung ausführte und auf die Schlachthaufen des Königs Joachim (Murat) von Neapel stieß. Es entspann sich ein hitziges Gefecht, das den Franzosen gefährlich zu werden drohte. Liebertwolkwitz war mit 8000 Reitern besetzt, worunter sich sechs Regimenter befanden, die Augereau aus Spanien herbeigeführt hatte, altgediente Soldaten, die zu den besten Reitern des Napoleonischen Heeres bei Leipzig gerechnet wurden. Murat, welcher schon am Morgen eine bei Wachau stehende Linde bestiegen hatte, um die Formirung der feindlichen Reiterei zu beobachten, setzte sich persönlich an die Spitze seiner Tapfern und hoffte so mit leichter Mühe seine Gegner zu werfen. Doch er täuschte sich, und seine wiederholten Angriffe prallten an der Festigkeit der braven Oesterreicher und Preußen ab. Ja der König selbst, durch seinen theatralischen Aufputz allgemein kenntlich, gerieth in die äußerste Gefahr, gefangen oder getödtet zu werden. Ein preußischer Officier vom neumärkischen Dragonerregiment, welcher seiner Schwadron vorausjagte, war dem König dicht auf den Fersen, und der einzige Reiter, der sich in Murat's unmittelbarer Nähe befand, ward sein Retter, indem er den kühnen Verfolger niederstieß. Die in Markkleeberg und Wachau

der französischen Reiterei zu verhindern. Graf Wittgenstein würde durch eine
Fortsetzung des Kampfes seinen Auftrag überschritten haben; was er aus-
kundschaften sollte, hatte er erfahren, und brach daher das Gefecht ab, doch
das unglückliche Liebertwolkwitz, um dessen Besitz gestritten worden war, ge-

Murat auf der Linde bei Wachau.

rieth in Brand und war die mächtigste von den Feuersäulen, die nebst zahllosen Wachtfeuern den Nachthimmel erhellten. Die vielen Verwundeten, die
zur Stadt gebracht wurden, zeigten, wie heiß es hergegangen sei.

Noch ein anderes Ereigniß zeichnete diesen Tag aus. König Friedrich

August von Sachsen, der in den Tagen des Unglücks die Treue nicht brechen wollte, kam von Taucha her, um in Leipzig unter dem Schutz des französischen Heeres Zuflucht zu suchen. Sobald Napoleon Kunde von der Ankunft seines Verbündeten erhielt, eilte er ihm entgegen, umarmte ihn mit Herzlich-

Murat's Errettung aus Lebensgefahr.

keit und sprach ihm Trost zu. Der greise König begab sich in die Stadt, der Kaiser blieb auf dem Schlachtfelde, nahm hierauf sein Nachtquartier in der Vetter'schen Sommerwohnung, jetzt im Besitz der verwitweten Frau Bärwinkel, zu Reudnitz, und sein zahlreiches Gefolge fand in dem damals noch kleinen Dorfe ein elendes Unterkommen.

Der vierzehnte October.

Noch übler erging es den Truppen in der folgenden Schreckensnacht. Ein furchtbarer Orkan, der die Häuser abdeckte und den dichten Regen niederpeitschte, trieb die Leute zur Verzweiflung. Sie raubten und plünderten, um sich zu erwärmen und zu nähren, verbrannten das Gebälk der Häuser, das Hausgeräth, Zäune und alles Holzwerk, das sich vorfand, um die Feuer zu erhalten, und das Elend der Bevölkerung, die nackt und bloß aus den brennenden Häusern getrieben wurde, das Jammern der Frauen, das Wimmern der Kinder könnte selbst von dem Pinsel eines Höllen=Breughel nicht schrecklich genug dargestellt werden. Man denke sich die Lage der meist verwundeten Gefangenen, welche, von den Franzosen auf dem Johanniskirchhofe eingesperrt, dieses Unwetter, ohne Nahrungsmittel, ohne ärztlichen Beistand zu haben, zwischen den Gräbern aushalten mußten und diejenigen beneideten, welche unter ihren Füßen die ewige Ruhe gefunden hatten. Sobald dieser Umstand in der Stadt bekannt wurde, war auch das Mitleid zur Linderung der Noth thätig; allein alle, die Speise und Trank brachten, wurden von den Wachen am Kirchhofthore zurückgewiesen. An Stricken über die Mauer hinweg mußte die Labung den Unglücklichen übermittelt werden.

In der Nacht vom 14. bis 15. October.

Biwouak russischer Küraffiere.

Der fünfzehnte October.
Bildung der Schlachtlinien.

Die weite Ebene um Leipzig gestattet die Ausbreitung großer Massen, bietet aber bei ihrer offenen Lage der Vertheidigung wenig gedeckte Stellungen dar. Den Verbündeten kam ihre Ueberzahl zu statten, und diese war dringend erforderlich, denn Napoleon hatte den wichtigen Vortheil der Concentration. Ihm ward es leichter, große Kräfte rasch auf einem Punkte zu versammeln, um damit Stöße zu führen, während seine Gegner die ganze Peripherie der weiten Umgebung von Leipzig umspannen, an allen Punkten die Schlacht einzeln aufnehmen mußten und sich in dem Zeitpunkt der Gefahr weit schwerer, zum Theil gar nicht gegenseitig unterstützen konnten. Es war vorauszusehen, daß es sich nicht um eine, sondern viele abgesonderte Schlachten handeln würde, die alle siegreich durchgekämpft werden mußten, wenn der Erfolg vollständig sein sollte. Auf diesen Umstand baute Napoleon seine Hoffnungen; er rechnete darauf, die Linien seiner Feinde mindestens dadurch auf allen Stellen Luft zu schaffen. Wohin er dabei sein Augenmerk gerichtet hatte, ergab sich aus der Stelle, die er persönlich einnahm, und von der aus er die Schlacht unmittelbar leitete. Die Verbündeten waren sich der Gefahr, der sie sich aussetzten, deutlich bewußt, und in ihrem Kriegsrathe wurde die Frage erörtert, ob es nicht angemessener sei, Leipzig zu umgehen und die Rückzugslinie der Franzosen zu besetzen, ein Manöver, das später in Frankreich durch den Marsch auf Paris mit dem größten Erfolge zur Ausführung kam. Doch der Krieg auf deutschem Boden konnte dadurch verlängert werden, und besonders auf Betrieb der Monarchen erlangte der muthigere Entschluß das Uebergewicht.

Früh um 10 Uhr stieg Napoleon zu Pferde, um die Bodenverhältnisse genau zu besichtigen. Auf dem Kamme einer Erhebung, die sich rechts von Liebertwolkwitz nach der Pleiße bei Dölitz hinzieht, während links ein abgesonderter Hügel, die Schwedenschanze genannt, sich erhebt, hielt der Kaiser an und erklärte seinen Marschällen und Generalen den Plan, den er für die bevorstehende Schlacht entworfen hatte. Um Auskunft über die Stärke der ihm entgegenstehenden Streitmacht und die Ankunft des großen österreichischen Heeres zu erlangen, schickte er einen Parlamentär an die Vorposten, der von Seiten des Marschalls Berthier, Fürsten von Neufchatel und Wagram, eine Unterredung mit dem Fürsten Schwarzenberg nachsuchen sollte, doch die kurz abweisende Antwort zurückbrachte: Schwarzenberg sei nicht da, und die Zeit für Unterredungen vorüber. Die französische Aufstellung war folgende: Fürst Poniatowski dehnte sich mit dem 8. Armeecorps von Dölitz bis Markkleeberg aus, das Marschall Augereau mit dem 9. Corps besetzt hatte und die Verbindung mit dem 2. unter Marschall Victor in Wachau unterhielt, wo auch Murat sein Hauptquartier und eine zahlreiche Reiterei versammelt hatte. Den Haken von Liebertwolkwitz bis Stötteritz hielt Marschall Lauriston mit dem 5. Corps, Marschall Macdonald Holzhausen mit dem 11. besetzt. Von Stötteritz bis Probstheida hatten die Garden und die Reserven der Reiterei Posto gefaßt. Bertrand hatte mit dem 4. Corps die Dörfer Lindenau, Plagwitz und Leutsch inne; nach Lindenthal und Möckern wurde Marschall Marmont mit dem 6. Corps, dem 3. Cavaleriecorps unter Arrighi und den polnischen Lanzenreitern unter Dombrowski beordert. Am schwächsten war noch für die Nordseite an der Parthe gesorgt. Der Kaiser umritt die ganze Aufstellung, befeuerte den Muth seiner Truppen durch kurze, kräftige Ansprachen und vertheilte an mehrere Regimenter unter großer Feierlichkeit Orden und Adler.

12 Die Völkerschlacht bei Leipzig.

oder während der Nacht einnehmen. Der französischen Hauptmacht gegenüber stellten sich am äußersten linken Flügel, an die Pleiße gelehnt, die Russen unter Wittgenstein, die Preußen unter Kleist bei Kröbern und Crostewitz auf;

Napoleon vertheilt auf dem Schlachtfelde Adler.

das Centrum von Güldengossa bis zum Universitätsholze bewachte der Prinz von Württemberg mit den Corps der Generale Klüx, Pahlen, Gortschakoff und Pirch I. Den rechten Flügel bildete das 4. österreichische Armeecorps unter dem General Grafen Klenau und eine Brigade vom 2. preußischen Armeecorps bei Groß-Pößna. Kosaken unter Platow erhielten die Verbindung bis Seiffertshain. Barclay de Tolly und unter ihm Graf Wittgenstein befehligten diese Massen. In Reserve standen die russischen und preußischen Garden nebst drei Reiterdivisionen bei Magdeborn. Jenseit der Pleiße, also im Rücken der Franzosen, standen die Generale Erbprinz von Hessen-Homburg und Nostitz, weiterhin die Oesterreicher unter Giulay und Meerveldt, bei Klein-Zschocher das Streifcorps unter Thielemann. Noch auf dem Marsche befanden sich die Division Murray nach Weißenfels, das 1. österreichische Armeecorps unter Colloredo bei Borna, das russisch-polnische Heer unter Benningsen bei Colditz, die Preußen unter Blücher von Halle her. Beide Theile warteten auf Verstärkungen, und den nächsten Schlachttag mußten die Ver-

Fürst Schwarzenberg, Feldmarschall und Oberbefehlshaber der verbündeten Armeen.

bündeten ausharren, ohne daß dieser Zuzug ankam. Der 15. October blieb dem Aufmarsch gewidmet und nirgend fand ein Zusammenstoß statt, alle Herzen aber schlugen der nahen Entscheidung theils in banger Sorge, theils in muthiger Zuversicht entgegen.

Die Dringlichkeit einer Hauptschlacht, die zugleich über das Schicksal Europas und besonders Deutschlands entscheiden sollte, war beiden streitenden Parteien einleuchtend. Napoleon würde durch einen Sieg aus einer großen Verlegenheit gezogen worden sein und glaubte bei der Zögerung und scheinbaren Zaghaftigkeit seiner Gegner auf einen glücklichen Ausgang hoffen zu dürfen. Die Verbündeten ihrerseits hatten bei ihrer Uebermacht und den ermatteten Streitkräften Napoleons die größere Wahrscheinlichkeit, die Schlacht zu gewinnen, für sich und konnten sich überdies von einem Siege die glänzendsten Resultate versprechen.

Fürst Schwarzenberg erließ daher an diesem Tage an das gesammte Heer folgenden Aufruf: „Wackere Krieger! Die wichtigste Epoche des heiligen Kampfes ist erschienen! Die entscheidende Stunde schlägt! Bereitet euch zum Kampfe! Das Band, welches mächtige Nationen zu einem Zwecke vereinigt, wird auf dem Schlachtfelde enger und fester geknüpft. Russen, Preußen, Oesterreicher! ihr kämpft für Eine Sache, kämpft für die Freiheit Europas, für die Unabhängigkeit eurer Söhne, für die Unsterblichkeit eurer Namen. Alle für Einen, Jeder für Alle! Mit diesem erhabenen Rufe eröffnet den heiligen Kampf. Bleibt ihm treu in der entscheidenden Stunde, und der Sieg ist euer!"

Reitergefecht bei Güldengossa.

Der sechszehnte October.

Erster allgemeiner Schlachttag, Kämpfe rings um Leipzig.

uf eine naßkalte Nacht folgte ein nebeliger Morgen. In aller Frühe stand Napoleon auf der früher beschriebenen Anhöhe bei Liebertwolkwitz und beobachtete durch ein Fernglas, wie die Angriffscolonnen der Verbündeten sich entwickelten. Es geschah unter dem Oberbefehl des Grafen Wittgenstein, daß die 12. preußische Brigade mit der 14. russischen Division und einiger Reiterei sich längs der Pleiße gegen Markkleeberg, das 2. russische Armeecorps mit der 9. preußischen Brigade gegen Wachau, die 5. russische Infanteriedivision mit der 10. preußischen Brigade von dem Universitätsholze aus und das 4. österreichische Armeecorps mit der 11. preußischen Fuß- und einer preußischen Reiterbrigade von Thräna her, beide letztere Colonnen gegen Liebertwolkwitz, bewegten. Reiterei unterhielt die Verbindung der Colonnen und deckte den rechten Flügel der Oesterreicher.

Der Kaiser hatte genug gesehen und zog sich mit seinem Gefolge eilig zurück, als die Verbündeten gegen 9 Uhr das Geschützfeuer gegen Liebertwolkwitz eröffneten. Es dehnte sich über die ganze Linie aus, und um 10 Uhr antworteten einander an tausend Kanonen, die mit dem Knattern der Gewehre von Hunderttausenden betäubend wirkten und den Boden gleich einem Erdbeben erschütterten. So heftig war der erste Stoß der Verbündeten, daß sie den Feind aus Markkleeberg, Wachau und Liebertwolkwitz hinauswarfen. Napoleon hatte jedoch erspäht, daß seine Feinde ihre besten Kräfte ins Gefecht gebracht und wenig Nachschub zu erwarten hatten. Er befahl daher, die Verbündeten gleichzeitig auf drei Punkten zu durchbrechen. Poniatowski sollte zwischen Markkleeberg und Wachau den Preußen unter Kleist in den Rücken fallen, als diese um den Besitz von Markkleeberg mit Erbitterung kämpften und, viermal hinausgedrängt, es zum fünften Mal erstürmten. Der stärkste Keil war gegen das Centrum von Wachau gerichtet, das die französischen Massen unter Murat, Augereau, Mortier und Drouot zu erschüttern hatten, während die Corps von Lauriston, Macdonald und Sebastiani auf Seifferthain vorrücken und die Oesterreicher und Preußen unter Klenau zersprengen und gegen Wachau zu werfen sollten.

Die Vorbereitungen zu diesem gefährlichen Manöver beobachtete Fürst Schwarzenberg auf dem Kirchthurme zu Gautsch, sprengte daher schleunigst nach Magdeborn, um die dort stehenden Reserven ins Gefecht zu führen, und schickte den Truppen jenseit der Pleiße unter Hessen-Homburg, Nostitz, Auersperg, Rothkirch u. s. w. den Befehl zu, den Fluß zu überschreiten. Hülfe that Noth; Poniatowski war um 1 Uhr schon bis Kröbern vorgedrungen, stand also im Rücken der Preußen, deren Lage das höchste Bedenken erregte; doch auf zwölf Brücken gingen die Oesterreicher über den Fluß und es entspann sich ein schrecklicher Kampf. Die Polen wehrten sich wie Verzweifelte und rieben unter andern das leichte Reiterregiment Sommariva fast auf. Eine Batterie von 30 Geschützen, die Bianchi bei Kröbern aufführte und

General v. Meerveldt das Pferd unter dem Leibe erschossen, er selbst verwundet und gefangen wurde. Da übernahm Fürst Aloys Liechtenstein den Befehl über das 2. österreichische Armeekorps und nach wiederholten Sturmangriffen behauptete er sich in Dölitz und den darum liegenden Sümpfen der Pleiße.

Erstürmung von Dölitz.

Schlimmer ging es im Centrum her. Napoleon hatte auf dem Höhenzuge von Liebertwolkwitz eine zahlreiche Artillerie versammelt, und sie spie ein solches Höllenfeuer aus, daß Prinz Eugen von Württemberg, der das Mitteltreffen befehligte — Brigade Klüx, 2. russisches Infanteriecorps, russische Husarendivision unter Graf Pahlen III. — nicht Stand zu halten vermochte.

Nicht allein verfolgten große Infanteriemassen, von reitender Artillerie begleitet, ihn auf dem Rückzuge nach der Schäferei bei Auenhain, es brauste auch ein Reitersturm unter Murat von Wachau her, der, einem angeschwollenen Bergstrome gleich, alles vor sich niederriß. Es war die Reiterei der Garde unter Nansouti nebst zwei Cavaleriecorps, zusammen etwa 8000 bis 10,000 Pferde stark, welche diesen furchtbaren Sturm ausführten. Wer weiß, ob bei der seitdem eingetretenen Verbesserung der Schießwaffen die Kriegsgeschichte je wieder von einem solchen Reitertreffen zu erzählen haben wird. Die russischen Reiter wurden zersprengt, das Fußvolk überritten, 26 Kanonen genommen und fort ging das Jagen bei Güldengossa vorbei bis weit über Auenhain und auf den Hügel zu, wo die verbündeten Monarchen mit dem Fürsten Schwarzenberg ihre Stellung genommen hatten.

Doch Mann und Roß waren von dem Sturmlauf erschöpft, und so konnte es dem Grafen Orlow mit einem Regiment Garde-Kosacken gelingen, den ersten Anprall aufzuhalten. Bald flogen auch die schlesischen Kürassiere, die neumärkischen Dragoner, die russischen Gardehusaren herbei und entrissen dem Feinde 24 der verloren gegangenen Kanonen. Fürst Schwarzenberg stellte sich an die Spitze der noch in Reserve gehaltenen Truppen und schickte die preußischen und russischen Garden dem bedrängten Güldengossa mit 80 Kanonen zu Hülfe. Daß dieser Sturmangriff ausgehalten und endlich zurückgeworfen wurde, gereicht besonders dem Prinzen von Württemberg zum unsterblichen Verdienst.

Inzwischen hatte aber auch Macdonald die Schwedenschanze erstürmt und den General Klenau bis Groß-Pößna zurückgeworfen. Die Lage der Verbündeten war schlimm und Napoleon hielt sich des Sieges so gewiß, daß er dreimal dem Könige von Sachsen seine Erfolge melden ließ. Nach der dritten Botschaft mußten alle Glocken der Stadt geläutet und für ihre Rettung in den Kirchen gebetet werden; aber die Freude des Kaisers war voreilig, denn bei Güldengossa wüthete der Kampf fort, und es wurde endlich behauptet. Auch die Schäferei von Auenhain stürmten die Verbündeten, wiewol unter Strömen von Blut, und nun endlich wichen die Franzosen in Unordnung gegen Wachau zurück.

Der rechte Flügel der Verbündeten hatte sich im Universitätsholze behauptet, und der Versuch der Franzosen, diese Stellung durch den Marsch auf Fuchshain zu umgehen, wurde von Platow mit seinen Kosacken verhindert. Während aber Klenau zwischen Fuchshain und Groß-Pößna Stand hielt, warf sich Macdonald auf Seiffertshain und erstürmte es um 5 Uhr Abends, konnte es aber gegen den muthigen Angriff des Regiments Zach

Gefecht um den Besitz des Dorfes Lindenau.

unter Führung des Generals Schäfer nicht behaupten. Noch am Spätabend versuchte Macdonald einen Schlag gegen das sogenannte Niederholz bei Groß-Pößna, hier aber traten ihm die schlesischen Regimenter unter Ziethen entgegen. Das Gefecht, das sich bis in die Dunkelheit verlängerte, führte zu keiner Entscheidung.

Von der äußersten Wichtigkeit wäre es gewesen, das Dorf Lindenau, welches die Straße nach Erfurt, die einzige Rückzugslinie der Franzosen, beherrschte, dem Feinde zu entreißen. General Bertrand hielt es nebst den Dörfern Plagwitz und Leutsch mit dem 4. Armeekorps besetzt und wurde Nachmittags um 4 Uhr von dem Feldzeugmeister Grafen Giulay und der leichten Reiterei von Liechtenstein und Thielemann angegriffen. Er verlor Leutsch und Plagwitz, doch schmetterten seine Batterien, womit er Lindenau vertheidigte, die stürmenden Oesterreicher bei jedem Versuche nieder. Von der Reiterei wurden die Franzosen endlich aus dem vorderen Theile des Dorfes getrieben, die geschickt gewählte Stellung bei der Ziegelscheune und dem Kuhthurm behauptete dagegen Bertrand standhaft. Als Napoleon von der Bedrängniß der Seinen an dieser Stelle hörte, flog er persönlich herbei und befahl, Lindenau um jeden Preis wieder zu nehmen, was nach schwerem Blutvergießen auch wirklich gelang.

Gegen Westnord wüthete in der Nähe unserer Stadt eine andere Schlacht. Blücher führte in zwei Colonnen sein 56,000 Mann starkes Heer am 16. Oct. heran, ließ aber die eine unter Sacken bei Radefeld stehen, weil er den Anmarsch einer starken Macht von Podelwitz her besorgte. Ney hätte auch auf diesem Schauplatz erscheinen können; auf dem Marsche von Eilenburg zog ihn aber der furchtbare Kanonendonner nach Wachau hin, wo er die größte Gefahr vermuthete. So blieb Marmont mit 29,000 Mann den Preußen allein gegenüber, und Blücher traf ihn in der Stellung zwischen Wahren und Lindenthal. Aus ersterm Dorfe warf York die Franzosen heraus, die nun die Höhen zwischen Eutritzsch und Möckern besetzten. In letzterm Orte erkannte York mit Recht den Schlüssel dieser günstigen Stellung, die durch starke Batterien an beiden Flügeln geschützt war. Angriff und Vertheidigung waren gleich erbittert. Um jedes Haus kämpften die Feinde mit Verzweiflung, und als sie schon aus dem brennenden Dorfe hinausgeworfen waren, wüthete ihre Artillerie noch fort. Unter dem Schutze derselben wurde von neuem vorgegangen, und die Preußen, welche das ganze Sacken'sche Corps entbehrten, litten furchtbar. Alle Reserven wurden ins Feuer geführt, zuletzt die schlesischen Landwehren unter Steinmetz, die im Sturmschritt vorgingen und der in Unordnung gerathenen 2. Brigade Zeit verschafften, sich wieder zu sammeln. Wer weiß, wie lange das Würgen noch gedauert hätte, wäre nicht ein französischer Munitionswagen aufgeflogen, der die Glieder eines Vierecks sprengte. Nun hieben Husaren und Dragoner ein, das Fußvolk erstürmte die Höhen, der Sieg war entschieden. Die Preußen nahmen 43 Ka=

Gefecht in Möckern.

nonen und 2000 Gefangene, hatten aber den dritten Theil der in das Gefecht gebrachten Mannschaft eingebüßt. Der Feind floh gegen Eutritzsch und Gohlis.

Von dem Sacken'schen Corps kam nur die Division des Generals Langeron ins Gefecht. Sie war auf Blücher's Befehl gegen die Dörfer Groß= und Klein= wiederitzsch vorgegangen, die im Rücken der Preußen lagen, und fand sie von der französischen Division Delmas und der Reiterei des Generals Dombrowski besetzt. Um den Besitz dieser Dörfer bewegte sich der Kampf. Sie wurden mehrmals erstürmt und vom Feinde wieder genommen, bis die Russen sie zuletzt dennoch behaupteten und der Feind, der 11 Kanonen im Stich ließ, seinen fluchtartigen Rückzug gegen die Parthe nahm.

Wir konnten die Blutarbeit dieses Tages, an welchem auf Seiten der Franzosen 144,000, auf Seiten der Verbündeten 185,000 Mann im Ge= fecht standen, nur in kurzen Zügen schildern, da die vollständigen Berichte der Generale über die Ereignisse auf den verschiedenen Kampfplätzen einen Band füllen. Den Nachtheil, gegen einen concentrirten Feind von einem weiten Bogen aus zu kämpfen, hatten die Verbündeten am meisten in der großen Schlacht an der Ostseite der Stadt empfunden, wo Napoleon seine besten Streitkräfte besaß und sie persönlich befehligte, daher der Erfolg hier unvollständig geblieben war. Dennoch war der Ausgang von solcher Wichtigkeit, daß die glückliche Beendigung der Schlacht sich schon vorhersehen ließ, wenn sie gleich noch mit entsetzlichen Anstrengungen errungen werden mußte. Napoleon hätte an diesem Tage den Verbündeten eine schwere Niederlage beibringen müssen, um auf eine günstige Fortsetzung des Kampfes rechnen zu können. Er wußte, daß die Zahl seiner Gegner wachsen würde, da große Heermassen sich noch im Anmarsch befanden. Hatte er an diesem Tage keinen Boden gewonnen, hatten die Preußen und Oesterreicher Markkleeberg behauptet und die Truppen des Generals Schäfer sich in Seiffertshain festgesetzt, von wo aus Liebertwolkwitz bedroht war, so durfte der Kaiser um so weniger den Sieg über frisch anrückende Truppen erwarten, zumal er selbst große Verluste erlitten und Marmont entschieden geschlagen worden war. Er konnte nur noch auf den Rückzug denken und sich Glück wünschen, daß ihm Lindenau und damit eine offene Rückzugslinie geblieben war.

Begräbniß freiwilliger Jäger auf dem Schlachtfelde.

Feldmesse.

Der siebzehnte October.

Napoleon's Anträge an den Kaiser Franz. — Zuzug der Verbündeten. — Blücher's Kämpfe.

eide Heere bivouakirten in den Stellungen, die sie, wie vorhin beschrieben, am Ende der Schlacht eingenommen hatten, nur Graf Giulay war bis Zschocher zurückgegangen. Aus dem weiten Ringe zahlloser Wachtfeuer hoben sich die Flammensäulen von acht brennenden Dörfern hoch hervor und beleuchteten das Todtenfeld, dessen Stille nur zuweilen ein Schuß unterbrach.

Napoleon hatte seine Zelte in einem ausgetrockneten Teiche zwischen der Schäferei von Meusdorf und einer Ziegelei aufschlagen lassen, während seine Garden um ihn her lagerten; doch die Sorge raubte ihm den Schlaf. Er sah ein, daß er umgarnt war, und eine Erneuerung der Schlacht ihm kaum noch Vortheil bringen konnte. Die große Zahl der Verwundeten war in

Fürst Blücher General der Cavallerie.

Der siebzehnte October. 25

Hunger trieb selbst die Verstümmelten an, von Haus zu Haus um Nahrung zu bitten; allein die Bevölkerung hatte wenig zu geben, denn alle Zufuhr war seit vielen Tagen abgeschnitten und die Schrecken des Mangels stellten sich ein. Unter solchen Umständen ließ sich Leipzig nicht behaupten, auch wenn der Ansturm der Verbündeten zurückgehalten würde. Der Kaiser ließ mehrere Generale an sein Bett rufen, um sich mit ihnen über diese Lage zu besprechen, und kam endlich zu dem Entschluß, den gefangenen österreichischen Corpscommandanten Grafen Meerveldt mit Friedensanträgen an seinen Schwiegervater zu senden. Dieser General war ihm seit längerer Zeit bekannt und als Unterhändler bei den Waffenstillständen von Leoben (18. April 1797) und Austerlitz (6. December 1805), wie bei den Friedensabschlüssen von Campo-Formio (17. October 1797) und Wien (17. October 1809) gebraucht worden. An den Umstand, daß dieser militärische Diplomat in seine Hände gefallen war, klammerte sich Napoleon mit der abergläubigen Hoffnung auf einen ähnlichen Erfolg an. Er ließ Meerveldt rufen und beauftragte ihn, dem Kaiser Franz den Vorschlag zu machen, dem französischen Heere ungehinderten Abzug hinter die Saale zu gestatten, wogegen die Räumung der noch in französischen Händen befindlichen Festungen an der Weichsel und Oder, Danzig und Groß-Glogau, und der Abschluß eines Waffenstillstandes zum Zweck von Friedensunterhandlungen zugesagt wurde. Meerveldt traf seinen Kaiser in dem Hauptquartier zu Pegau — Kaiser Alexander und Schwarzenberg übernachteten in Rötha, der König von Preußen in Borna —, doch das österreichische Heer war durch den Anmarsch Colloredo's verstärkt, die Gewißheit eines vollständigen Erfolgs gesteigert, und der Kaiser schlug daher diese Anträge rundweg ab.

Der 17. October war ein Sonntag und die drei Monarchen fanden sich um so weniger bewogen, ihn zu entweihen, da sie an diesem Tage einem Zuzuge von über 100,000 Mann entgegensahen. Um 11 Uhr früh erreichte das erste österreichische Corps unter Colloredo das Schlachtfeld und löste, dem Befehle des Fürsten Schwarzenberg gemäß, die erschöpften Truppen zwischen Markkleeberg und Dölitz ab. Benningsen kam später von Colditz her und ließ die Vortruppen unter dem Grafen Stroganow zwischen Seiffertshain mene Corps von Sacken abgelöst und beschloß, den Feind an das linke Ufer der Parthe zurückzudrängen. Zunächst ließ er das Dorf Eutritzsch durch Langeron's Truppen angreifen. Marmont räumte das Dorf, war aber zur Behauptung von Gohlis entschlossen. Es war der Stützpunkt für den linken Flügel seiner Stellung, die er bis Schönefeld und an die Parthe ausdehnte. Die Verbindung sollte Arrighi mit der Reiterei unterhalten, doch Wasiltschikow stürzte sich mit seinen Reitern auf ihn und warf ihn in wildem Anlauf zurück bis an das Gerberthor, wo sie eine Menge Gefangene machten und 5 Kanonen erbeuteten. Blücher bezeichnet in seinem Bericht diesen Angriff als einen der kühnsten in diesem Kriege. Die französischen Vierecke wider-

Reitergefecht am Gerberthor bei Leipzig.

standen dem ersten Anprall, bis auch sie von dem russischen Fußvolk nach Pfaffendorf gedrängt wurden. Eben schickte Blücher sich an, sie mit dem Corps von Langeron auch aus dieser Stellung zu vertreiben und Leipzig selbst anzugreifen, als ihn aus dem Hauptquartier der Monarchen der Befehl zum Abbruch des Kampfes ereilte.

Gleichzeitig zeigte Bernadotte, der sein Erscheinen auffallend lange verzögert hatte, seine Ankunft auf dem alten Siegesfelde der Schweden bei Breitenfeld an und muthete dem preußischen Helden zu, mit ihm den Platz zu tauschen. Es wurmte den Alten, daß er die Ehre des Erfolgs, die er durch die äußersten Anstrengungen leicht gemacht hatte, den Schweden überlassen sollte, und er schlug dieses Ansinnen ab. Darauf erfolgte die Einladung zu einer Besprechung in Breitenfeld, die in der Nacht zum 18. October stattfand. Schwer ließ sich Blücher bewegen; als aber der Morgen des verhängnißvollen Tages schon graute und eine Störung der Eintracht gefährlich zu werden drohte, willigte er ein, mit 30,000 Mann das Heer des Kronprinzen zu verstärken, machte es jedoch zur Bedingung, daß Langeron mit diesen Truppen bei Mockau über die Parthe gehen müßte. Während also die Nordarmee unter Bernadotte, die den Umweg über Taucha nahm, bis über 90,000 Mann anschwoll, behielt Blücher nur 20,000 Mann bei Möckern.

Das 7. französische Corps unter Reynier hatte den Auftrag gehabt, den Anmarsch Bernadotte's aufzuhalten. Da es nur 12,000 Mann stark war, konnte es leicht erdrückt werden, entging aber dieser Gefahr, stellte sich bei Paunsdorf auf und hatte nun gemeinsam mit dem 6. Corps unter Marmont und dem 3. unter Souham die Parthe bis Thekla hin zu überwachen. Den Oberbefehl über diese drei Corps führte der Fürst von der Moskwa, der sein Hauptquartier in Reudnitz genommen hatte.

Napoleon an der Tabaksmühle.

Der achtzehnte October.

Der große Tag der Entscheidung.

s muß ein eigenthümlich schmerzliches Gefühl für den Kaiser der Franzosen und sein Heer gewesen sein, einer großen Schlacht mit dem Bewußtsein entgegenzugehen, daß im besten Falle nur ein gesicherter Rückzug erstritten werden könne. Diese Ueberzeugung hatte selbst sein tollkühner Schwager Murat vor dem Kaiser ausgesprochen, und seine Anstalten zeigten, daß diese Auffassung der Lage auch bei ihm Eingang gefunden hatte. Da er kaum 150,000 Mann ins Gefecht stellen konnte und erfahren hatte, daß die Verbündeten durch den erhaltenen Zuzug doppelt so stark waren, fand es der rascher über alle Streitkräfte verfügen zu können. Die Bewegungen zur Ausführung dieses Plans nahmen schon Nachts um 2 Uhr ihren Anfang, und um 5 Uhr fuhr der Kaiser nach Lindenau, um dem General Bertrand persönlich die Verhaltungsbefehle für den Marsch nach Weißenfels zur stärkern Besetzung der Rückzugslinie zu ertheilen. Die Bewachung des wichtigen Postens bei Lindenau erhielt Marschall Oudinot mit zwei Divisionen der jungen Garde.

Der neuen Ordre de bataille zufolge schloß das französische Heer unsere Stadt in einem großen Viereck ein. Die westliche Seite reichte von Lindenau bis Dölitz; an der südlichen hielt Poniatowski, der am Abend des 16. October den Marschallstab erhalten hatte, die Linie von Connewitz bis Dölitz; Augereau die mit Gebüsch umgebenen Teiche bei Lösnig; Victor Probstheida als Schlüsselpunkt, Lauriston Stötteritz besetzt; vorgeschobene Posten standen in Dösen, der Meusdorfer Schäferei und Zuckelhausen. Die nördliche Linie, die von der Stadt bis Thekla reichte, vertheidigte Macdonald in Holzhausen, Klein-Pößna und Baalsdorf, Reynier in Paunsdorf, der sich bis gegen Taucha ausdehnte, Souham bei Neutzsch, Marmont bei Schönefeld. Nördlich von Pfaffendorf bis zur Scharfrichterei befanden sich die Reitergeschwader von Arrighi und Dombrowski. Als Reserve behielt der Kaiser in der Gegend des Thonbergs die alte Garde und eine starke Reiterei in seiner Nähe.

Die gesammte Artillerie der Verbündeten kann bis zu tausend Geschützen angeschlagen werden, und die Kanonade, womit sie gegen 8 Uhr früh die Schlacht eröffneten, war mithin furchtbar. Den Polen gegenüber stand der Erbprinz von Hessen-Homburg, der das erste österreichische Armeecorps unter dem Feldzeugmeister Grafen Colloredo von Mansfeld, eine Division vom zweiten unter Feldmarschalllieutenant von Lederer, zwei Reservedivisionen unter Feldmarschalllieutenant Freiherr Bianchi und Graf Weißenwolf, zwei Reiterdivisionen unter Feldmarschalllieutenant Graf Nostitz und Fürst Aloys Liechtenstein befehligte. Mit dieser Heermasse trat er zuerst in den Kampf und stürzte sich auf die feindliche Stellung zwischen Dölitz und Dösen. Poniatowski, der seinen Dank für die Marschallswürde abtragen wollte, vertheidigte diese Dörfer mit Wuth. Der Erbprinz von Hessen-Homburg, der seine Truppen anfeuerte, ward gefährlich verwundet, und Baron Bianchi übernahm den Befehl am linken, Graf Colloredo am rechten Flügel. Bianchi zog Reserven herbei und bestürmte die genannten Dörfer, besonders auch Lösnig, so heftig, daß Poniatowski den Kaiser um Beistand bitten ließ und die Gardedivision zu seiner Unterstützung vorrückte. Wirklich gelang es, die Oesterreicher bis hinter Dösen zurückzudrängen, aber auch ihnen schickte Fürst Schwarzenberg die Divisionen Wimpfen und Greth, zuletzt russische Garden zu Hülfe; auch

Giulay gab einige Regimenter ab und dadurch gelang es, Dösen zu erstürmen und zu behaupten. Das blutige Gemetzel dauerte bis zum Abend fort, ohne mehr Boden gewinnen zu können; doch halb aufgerieben wurden die Polen, und ihre Schwäche würde ihnen nicht gestattet haben, einen neuen solchen Kampf am folgenden Tage auszuhalten. Connewitz mußten sie noch am Abend den Oesterreichern überlassen, und obgleich Napoleon selbst auf dem Kampfplatz erschienen war, sank doch die Wage nicht zu seinen Gunsten. Hartnäckig mußte er freilich die Stellung vertheidigen, da es außerdem den Verbündeten gelungen wäre, größere Streitkräfte über die Elster nach Lindenau zu werfen und den Franzosen den Rückzug zu sperren. Die Kämpfe um Dösen, Lösnig und Dölitz gehörten deshalb zu den erbittertsten des Tages.

Im Centrum befehligte der russische General der Infanterie, Graf nachmals Fürst Barclay de Tolly 55,000 Mann, die er in zwei Heerhaufen getheilt hatte. Den ersten führte General Graf Wittgenstein, und er bestand aus der 5. Infanteriedivision unter Generallieutenant Fürst Gortschakoff, dem 2. Infanteriecorps unter Generallieutenant Prinz Eugen von Württemberg, dem Cavaleriecorps des Generals Pahlen III. und einer Kürassierdivision unter Generalmajor Kretow. Den zweiten bildeten die Preußen unter Generallieutenant von Kleist, der die 9. Brigade des Generallieutenants v. Klüx, die 10. des Generalmajors Pirch I., die 12. unter Generallieutenant Prinz August von Preußen und die Reiterei des Generalmajors von Röder zu seiner Verfügung hatte. Als Rückendeckung waren russische und preußische Garden unter dem Großfürsten Konstantin und dem General Grafen Miloradowitsch aufgestellt. Auf dem Hügel hinter der Meusdorfer Schäferei beobachteten die Monarchen den Kampf.

Pahlen und Kretow warfen mit ihren Geschwadern die französische Reiterei, welche auf der Höhe zwischen Güldengossa und Probstheida stand, worauf die Heersäulen des Fußvolks gegen Probstheida vorgingen, das die Franzosen mit Feldbefestigungen gedeckt hatten. Die ringsum laufenden Mauern dienten als Brustwehr, Erdwälle als Batterien, die steinernen Häuser des Dorfs als Bollwerke. Dennoch drangen von Wachau her, das der Feind verlassen hatte, zwei preußische Brigaden, die 10. und 12., und das 2. russische Infanteriecorps, 50 Kanonen vor ihrer Fronte, wohlgemuth vor, überwältigten trotz des feindlichen Kugelregens alle Hindernisse und erstürmten das Dorf. In den langen Gassen empfing sie jedoch ein Kartätschenfeuer, und aus den Häusern schlugen die Kugeln der Tirailleurs so dicht auf sie ein, daß die Tapfern nach schweren Verlusten zurückweichen mußten.

Das zweite westpreußische Infanterieregiment, von der Brigade des Prinzen August unterstützt, stürzte sich noch einmal in den Höllenrachen, nahm die Schanzen und das Geschütz, übersprang die Gartenmauern und Hecken= zäune und drang in die Häuser; doch in tiefen Colonnen rückten die bei den Straßenhäusern aufgestellten französischen Garden vor und die Reiterei, von Murat geführt, machte eine gewaltige Charge. Der Zuzug, den die Preußen erhielten, änderte nichts in der Lage. Probstheida widerstand, und sollten

Sturm auf Probstheida.

die braven Stürmer nicht aufgerieben werden, so mußten sie die schon für sicher gehaltene Beute abermals fahren lassen. Von Störmthal und dem Universitätsholze aus führte Gortschakoff die 5. russische Division zur Unter= stützung des Prinzen Eugen von Württemberg herbei, um einen nochmaligen Versuch zu wagen, doch konnten sich diese noch weniger festsetzen. Da die preußischen und russischen Garden in Marsch gesetzt worden waren, so würde dieser Masse die furchtbare Blutarbeit vielleicht gelungen sein; allein den Mo= narchen gingen von andern Theilen des Schlachtfeldes so befriedigende Nach=

richten zu, daß sie die Gewißheit erlangten: Napoleon könne sich in und um Leipzig keinen Tag mehr halten. Wozu also so viele Menschenleben unnöthigerweise an den Besitz dieses brennenden Dorfes wagen, das der Feind in der nächsten Nacht ohne Schwertstreich räumen mußte. Sie befahlen den Rückzug, setzten sich durch Reiterei mit den Oesterreichern in Verbindung, stellten die Massen der Infanterie bei Meusdorf in Schlachtordnung auf, und hatten die Reiterei unter Pahlen und Kretow auf dem rechten Flügel. Die Vertreibung des vorgeschobenen französischen Postens aus Meusdorf war der einzige Erfolg der Verbündeten auf diesem blutgetränkten Boden.

Wenden wir uns nach dem dritten Kampfplatze, wo General Benningsen mit 60,000 Mann vor Holzhausen, Zweinaundorf und Paunsdorf stand und seine Streitkräfte in vier Corps getheilt hatte: 1) die 11. preußische Brigade unter Generalmajor von Ziethen; 12. und 13. russische Infanteriedivision unter Generalmajor Chowanski und Generalmajor Iwanow. 2) 4. österreichisches Infanteriecorps unter Feldmarschalllieutenant Graf Klenau. 3) russischer Vortrab unter Generallieutenant Graf Stroganow; russische Reiterei unter Generallieutenant Tschaplitz; russische Reserve-Infanteriebrigade unter Generalmajor Lindfors; 28 russische Bataillone und 25 Schwadronen unter Generalmajor Doctorow. 4) 1. österreichische leichte Division unter Feldmarschalllieutenant Graf Bubna; 8 Kosackenregimenter unter dem Hetman Grafen Platow.

Auf dem linken Flügel ging die preußische Brigade auf Zuckelhausen los, nahm das Dorf und verfolgte den französischen General Charpentier gegen Probstheida; da aber die dortige Stellung vom Feinde behauptet worden war, so konnte die schwache Brigade nichts weiter ausrichten, setzte sich jedoch in Zuckelhausen fest und unterhielt die Verbindung mit den Oesterreichern unter Klenau, welche die Aufgabe erhalten hatten, Holzhausen zu nehmen. Hier stand Marschall Macdonald mit dem 11. Corps in einer starken Stellung und hatte seine Batterien auf der Bodenerhebung hinter dem Dorfe aufgestellt, von wo aus sie das wirksamste Feuer unterhielten. Es mußten noch zwei russische Divisionen mit zahlreicher Artillerie herangezogen werden, ehe es den vereinigten Anstrengungen gelang, die gefährlichen Anhöhen zu erstürmen. Macdonald nahm seinen Rückzug nach Stötteritz und die französische Reiterei Sebastiani's suchte unter den Kanonen von Probstheida Schutz. Die starke Stellung des Feindes in letztgenanntem Dorfe hinderte auch hier jedes weitere Vordringen, und mehrere verwegene Versuche wurden theuer bezahlt.

Auf Baalsdorf und Zweinaundorf stürzten sich die russischen Generale Stroganow und Tschaplitz, unterstützt von Infanteriemassen unter Lindfors,

Der achtzehnte October. 33

Bubna hatte seine Division gegen Paunsdorf geführt, während von Baals=
dorf und Zweinaundorf die Vorrückung auf Mölkau und Stünz erfolgte.
Um den Besitz von Paunsdorf entbrannte ein wüthender Kampf. Bülow,
der es zuerst angegriffen hatte, war hinaus geworfen worden; beide streitende
Theile erhielten Zuzug; Marschall Ney hatte vom Kaiser Verstärkungen er=
halten und wehrte sich mit den Divisionen Legrange, Frederic, Compans,
Durutte und Souham wüthend. Vom Nordheer kamen die Preußen unter
Bülow Bubna zu Hülfe, wurden jedoch ebenfalls zurückgeworfen. Immer
mehr Truppen werden ins Gefecht geführt, große Reitergeschwader unter=
stützen die Verbündeten; Ururk, Manteuffel, Pahlen, Benkendorf, Chostak
bilden eine drohende Wetterwolke, und der Kampf entbrennt so furchtbar,
daß die Gefahr den Kaiser der Franzosen selbst herbeiruft. Im Zollhause

Napoleon im Schlachtgedränge.

von Volkmarsdorf trifft er mit Ney zusammen und läßt Nansouty mit der
Reiterei der Garde anrücken. Der bricht aus Volkmarsdorf und Sellerhausen
vor, stürmt gegen Paunsdorf, überflügelt das Bubna'sche Korps und versucht
ein österreichisches Viereck zu durchbrechen. Nansouty hält sich des Erfolges
bereits sicher, da zischen Congreve'sche Raketen durch die Luft, die der eng=
lische Kapitän Bogue aus seiner Batterie entsendet; sie schlagen in das dichte
Reitergeschwader ein und strecken es massenhaft nieder. Zwar wird Bogue
erschossen, aber Lieutenant Strangways setzt das Feuer beharrlich fort. Der
französische Divisionsgeneral Vial stürzt; Nansouty sieht das Vergebliche seiner
Anstrengungen ein, weicht zurück und wird von den Oesterreichern verfolgt.

Dem Hetman Platow gelingt es, die württembergische Reiterbrigade unter General von Normann zu überflügeln; sie geht zu den Verbündeten über und wird unter Kosackenbegleitung zur Reserve nach Liebertwolkwitz geleitet. In

Die übergegangene württembergische Reiterei, von Kosaken escortirt.

Sellerhausen, auf welches Bülow mit den Preußen vorgedrungen ist, folgen acht sächsische Bataillone mit 30 Kanonen dem Beispiele der Württemberger und richten ihre Geschütze gegen die Franzosen. Um die entstandene Lücke auszufüllen, schickt der Kaiser neue Hülfe. Ney bricht aus Mölkau hervor, um Bülow in den Rücken zu fallen, trifft aber auf die Oesterreicher unter Bubna und Reipperg, auch Preußen unter dem Prinzen Ludwig von Hessen-Homburg eilen zur Stelle. Preußische Kanonen und englische Congreve'sche Raketen speien gemeinsam ihr Feuer auf Ney und erschüttern die Glieder seiner Truppen, die von Reiterei durchbrochen werden. In Ney's Rücken hat Bülow Stünz und Sellerhausen, Paskiewitsch Zweinaundorf genommen, und der Marschall, den Napoleon den Tapfersten der Tapfern genannt hatte, sah sich zur Flucht gezwungen.

Das Nordheer unter dem Kronprinzen von Schweden rückte erst Nachmittags um 2 Uhr in die Schlachtlinie, doch nahmen Truppen desselben schon an den eben geschilderten Kämpfen theil. Es bestand aus fünf Abtheilungen: 1) 3. preußisches Armeecorps unter Generallieutenant von Bülow, zu dem die 3. Brigade des Generalmajors Prinz Ludwig von Hessen-Homburg, die 4. des Generalmajors von Thümen, die 5. des Generalmajors von Borstell, die 6. des Obersten von Kraft gehörte. 2) Russisches Corps unter Generallieutenant von Winzingerode, bestehend aus der 21. und 24. russischen Division der Generalmajore von Captieff und von Wuitsch, 1 Dragoner- und 1 Kosackenregiment, geführt vom Generalmajor Graf Manteuffel. 3) Das russische Corps unter General Graf Woronzow, bestehend aus der Infanteriedivision des Generalmajors Harppe, der Cavaleriedivision des Generalmajors Ururk, und 13 Kosackenregimentern unter Generalmajor Tschernyschew. 4) Die schwedischen Truppen unter Feldmarschall Graf Stedingk, bestehend aus drei Divisionen des Generalmajors von Posse, Generallieutenants Baron Sändels und Generallieutenants Baron Boyen; der Reiterdivision des Generallieutenants v. Skjöldebrand; den englischen Hülfstruppen unter Generalmajor Gibbs: 250 Mann Fußvolk, 1 Husarenregiment des Generalmajors Lyons, 1 Batterie Congreve'sche Raketen des Kapitän Bogue und das dessauische Infanteriebataillon Major Krohne. 5) Russisches Corps unter General Graf Langeron, bestehend aus dem 6., 9. und 10. Infanteriecorps des Generalmajors Fürst Scherbatow, Generallieutenants Alsusiew und Generallieutenants Kapzewitsch, dem 1. Reitercorps des Generallieutenants Baron Korff und 6 Kosackenregimentern des Generalmajors Gerkow.

Das Sacken'sche Corps: 10. Infanteriedivision des Generalmajors Graf Lieven III., 4 Bataillone der 16. Division unter Generalmajor Fürst Repninski, 27. Division des Obersten Stawitzki, Reiterei des Generallieutenants Wasiltschikow und 10 Kosackenregimenter des Generalmajors Karpow, war bereits auf die Stärke von etwa 10,000 Mann herabgebracht.

Blücher hatte sich unter die Befehle des Kronprinzen gestellt und führte das Langeron'sche Corps, doch war diese Unterordnung mehr nominell, und der alte Haudegen ließ sich in seinem Willen nicht so beschränken, daß er offenbar falsche Anordnungen befolgt hätte. Anstatt eines weiten Unnweges über Taucha, der ihm vorgeschrieben war, erklärte er, die prinzlichen Befehle jenseit der Parthe in der Nähe von Abtnaundorf zu erwarten. Durch Sacken ließ er die Verschanzungen vor dem Gerberthore angreifen, er selbst ging auf Reußsch los, brachte eine die Gegend beherrschende Batterie der Franzosen auf dem Theklaberge durch 36 Zwölfpfünder zum Schweigen, ließ sofort zwischen Mockau und Abtnaundorf eine Brücke über die Parthe schlagen, um das Geschütz über dieselbe zu bringen, während er die Reiterei und das Fußvolk durch den Fluß gehen ließ, und trieb die Franzosen bis Schönefeld vor sich her. Während er Fühlung mit den Truppen bei Paunsdorf zu gewinnen suchte, gingen die Schweden auf den Heitern Blick los. Bülow, der unweit Taucha ein vorgeschobenes sächsisches Bataillon gefangen genommen, erreichte den Kampfplatz, wo gegen Rey gefochten wurde. Marmont hatte die Aufgabe, Blücher'n vom Eindringen nach Leipzig abzuhalten, und erhielt zu dem Zweck Unterstützung. Langeron machte mit allem Nachdruck einen Angriff auf das Dorf Schönefeld, und es entspann sich hier ein heftiger Kampf. Drei Mal mußte das Dorf mit bedeutenden Verlusten erobert werden, bis es endlich mit äußerster Anstrengung behauptet wurde. Noch beim Eintritt der Dunkelheit griffen die Russen, welche sich mit den errungenen Vortheilen nicht begnügen wollten, die Stellung, welche die Franzosen nach dem Verlust des Dorfes auf dem Windmühlenberge genommen hatten, an, verdrängten sie aus derselben und trieben sie unaufhaltsam nach Reudnitz zurück, bis endlich bei gänzlicher Dunkelheit die Blutarbeit eingestellt werden mußte.

York kam an diesem Tage nicht ins Gefecht. Von Eutritzsch, wo er als Reserve gestanden hatte, brach er auf alleinige Anordnung Blücher's Abends nach Halle auf, um den Rückzug des Feindes an der Saale zu belästigen.

Feldzeugmeister Graf Giulay hatte als Beobachtungscorps bei Groß-Zschocher die Infanteriedivision des Prinzen Philipp von Hessen-Homburg, die Reiterei des Feldmarschalllieutenants Fürsten Moritz Liechtenstein, die leichten Truppen des Generals von Thielemann unter seinen Befehlen, und wurde noch durch die Division des Generals Grafen Creunneville unterstützt, blieb aber immer zu schwach, um gegen den Feind etwas auszurichten, hat auch weder geschickt, noch glücklich operirt. Wie wichtig es auch gewesen wäre, Lindenau in die Gewalt zu bekommen und so das französische Heer einzusperren, so scheinen doch die Verbündeten für diesen Zweck nicht hinreichende Streitkräfte übrig gehabt zu haben. Anstatt angreifen zu können, wurde Giulay selbst angegriffen. Als Bertrand nach Markranstädt abrückte, warf er die Oesterreicher aus Klein-Zschocher, schnitt ein Jägerbataillon ab, das in Gefangenschaft gerieth, und hätte fast dem Fürsten Moritz Liechtenstein, dem General von Thielemann und dem Infanterieregiment Fröhlig dasselbe Schicksal bereitet. In Schleußig behauptete sich Giulay und erhielt am Abend den Befehl, nach Pegau zu marschiren, Zeitz zu decken und über den Rückzug des Feindes zu berichten.

Seine Rückzugslinie hatte Napoleon sich offen gehalten, seine Hauptstellungen bei Probstheida behauptet, war aber auf den andern Punkten so empfindlich geschlagen worden, daß seine Niederlage und die Nothwendigkeit des Rückzugs feststanden; daher die Verbündeten mehrfache Anstalten zur Verfolgung des Feindes trafen, und auch die Reiterei der russischen Garde sich zu diesem Zweck über Altenburg nach Zeiß in Bewegung setzte.

Theuer mußte der glorreiche Sieg erkauft werden. Napoleon hatte zwar die Minderzahl der Streitkräfte, aber den Vortheil der Stellung gehabt. Die zahlreichen Dörfer um Leipzig ließen sich alle als Feldbefestigungen benutzen und mußten mit den gewaltigsten Anstrengungen erstürmt werden. Parthe, Pleiße und Elster, Sümpfe und Teiche, Gebüsche und Waldungen boten ein durchschnittenes Terrain, woraus ein geschickter Feldherr mannichfache Vortheile ziehen konnte. Alle diese Umstände hat das Genie des Kaisers zu verwerthen gewußt, und da die Franzosen im Bewußtsein ihrer verzweifelten Lage mit nicht geringerer Tapferkeit als die Verbündeten stritten, so hat er letztern den Triumph ebenso schwer als ehrenvoll gemacht.

Erst als die Dunkelheit einbrach, machte die Erschöpfung beider Theile der Schlacht ein Ende; Napoleon aber hatte als vorsichtiger Feldherr schon um 4 Uhr Nachmittags dem Marschall Berthier, dem Chef seines Generalstabs, die Anordnungen des Rückzugs vorgeschrieben, und Adjutanten mußten diese Befehle aufzeichnen. Die verbündeten Monarchen begaben sich, nachdem ihnen Fürst Schwarzenberg die frohe Botschaft: „Unser ist der Sieg!" gebracht, und sie dem Herrn der Schlachten gedankt hatten, in ihr Hauptquartier nach Rötha; der Kaiser der Franzosen aber blieb auf dem Schlachtfelde und ließ sich an Geist und Körper ermattet auf seinen Feldstuhl bei einem Wachtfeuer in der Nähe der Quandt'schen Tabaksmühle nieder, von wo er den größten Theil des Tages über die Schlacht geleitet hatte. Die Natur forderte ihre Rechte, er entschlief; aber nur eine Viertelstunde lang ließ ihn das Gefühl seiner unglücklichen Lage ruhen. Als er die Augen aufschlug und seine Generale ernst und stumm im Kreise um sich her stehen sah, fuhr er wie überrascht empor und schien Mühe zu haben, seine Gedanken zu sammeln. Aber der Abmarsch seiner Truppen — die Corps von Augerau und Victor machten den Anfang — versetzte ihn rasch in die Wirklichkeit zurück. Er ließ dem Könige von Sachsen den Ausgang der Schlacht melden, entschloß sich selbst aber erst um 8 Uhr Abends, zur Stadt zu reiten, und stieg im Hotel de Prusse ab.

Als die Völkerschlacht beendet war und zur Verkündigung des herrlichen Sieges Victoria geschossen wurde, schwellte ein stolzes Hochgefühl, eine dem Joche die Brust der Sieger; dennoch war die Erschöpfung zu groß, die Noth, das Elend, der Jammer in nächster Nähe zu unermeßlich, um eine lebhafte Freude aufkommen zu lassen. Die Verbündeten hatten an Todten und Verwundeten etwa 45,000 Mann, darunter 21 Generale und 1800 Offiziere. Glücklich waren diejenigen zu nennen, welche den Heldentod gefunden hatten, im Vergleich mit denen, die verwundet oder verstümmelt das Schlachtfeld bedeckten. Im Umkreise von zwei Stunden waren alle Dörfer um Leipzig verbrannt, niedergerissen, zerschossen, die unglücklichen Einwohner geflohen und nirgend Unterkunft, nirgend ein Labsal zu finden. Es wurden die kräftigsten Anstrengungen gemacht; die Preußen schafften ihre Verwundeten nach Halle, die Oesterreicher nach Altenburg; jeder Feldherr sorgte für die Seinen, wobei es den Schweden am leichtesten wurde, die Alles in Allem etwa 300 Mann eingebüßt hatten; im Ganzen aber war die Noth zu groß, um ihr angemessen abhelfen zu können.

Noch schlimmer war der Feind daran. Von 176,000 Mann, die Napoleon während aller Schlachttage theils im Gefecht gehabt, theils in Reserve aufgestellt hatte, konnten wenig über die Hälfte Leipzig mit heiler Haut verlassen. Es waren etwa 300 Kanonen und 900 Munitions- und Gepäckwagen theils in die Hände der Sieger gefallen, theils zerstört und verbrannt worden. Die Franzosen hatten nichts, woran sie sich aufrichten konnten; die gewaltigsten Anstrengungen waren vergeblich gewesen, Ruhm und Ehre verloren gegangen, und sie sahen einem neuen Kampfe zur Behauptung von Leipzig, um die Verfolgung so lange als möglich zurückzuhalten, entgegen. Zwar verfügten sie noch über die Hülfsmittel der Stadt, allein das damalige Leipzig reichte bei weitem nicht aus, um fast 50,000 Verwundeten und Kranken Unterkunft und Beistand zu gewähren. Schon waren die Kugeln der Verbündeten in die Stadt geschlagen, die Gerbergasse und ihre nächste Umgebungen deshalb verlassen worden, und ebenso flüchteten die Bewohner der Ranstädter Vorstadt, die der Feind zur Deckung seines Rückzugs anzuzünden drohte — ein Unglück, das nur durch die Fürsprache des Königs von Sachsen abgewendet worden ist. Angst, Verwirrung, Hunger herrschten überall. Verwundete drängten sich durch die Wagenzüge und die Reihen der ab-

Der achtzehnte October.   39

Die Schreckensscenen dieser Nacht, das gehäufte menschliche Elend, dieses beständige Schwingen der Sense des Todes, die Angst und Noth der Bevölkerung, von der mehrere Personen auch schon verletzt und getödtet worden waren, lassen sich nicht schildern. Die Hoffnung allein, daß nur noch wenige Stunden zu überstehen waren, bis das Werk der Rettung, nicht blos der Stadt, sondern des gesammten deutschen Vaterlandes vollbracht sein werde, vermochte die Gemüther mit Kraft und Trost zu erfüllen und zum Ertragen der Leiden fähig zu machen.

Das Bild der gewaltigen Kämpfe und der schweren Leiden am 18. October haben wir in seiner Erhabenheit wie in seiner Gräßlichkeit wieder nur in seinen großen, entscheidenden Zügen zeichnen können und mußten Einzelheiten nothwendig übergehen. Eine Darstellung, geeignet, eine vollständige Kenntniß zu gewähren und die vaterländischen, die kriegsmuthigen Gefühle durch hohe Beispiele zu befeuern, kann nur in einem umfangreichen Werke geliefert werden.

Transport Verwundeter.

Sprengung der Elsterbrücke bei Leipzig.

Der neunzehnte October.

Erstürmung von Leipzig.

An diesem letzten schrecklichen Tage der Völkerschlacht wurde der Krieg in die Mauern unserer Stadt selbst getragen. Der Feind hatte die äußern und innern Thore der Stadt mit Pallisaden gesperrt, die Mauern der Johannisvorstadt, des Kirchhofs, der Gärten mit Schießscharten versehen, sich hinter Hecken, Gärten und in den Häusern versteckt, selbst den Thurm der Johanniskirche besetzt, kurz alle Anstalten ge-

Der neunzehnte October.

n der Eile und Verwirrung möglich waren, um das ~~sier,~~
Verbündeten aufzuhalten. ~~r aus~~

:e Napoleon französische und sächsische Offiziere als Parla=
Monarchen mit dem Erbieten, alle deutschen Hülfstruppen zu
.pzig zu übergeben, wenn ihm dagegen ein ungehinderter Ab=
rde; allein sie wollten von Unterhandlungen auf deutschem
hr wissen. Hielt sich ja Napoleon selbst des fernern Beistandes
.ossen so wenig sicher, daß er die Polen ersuchen ließ, nur
ang bei ihm auszuhalten, und vornehmlich sie wie die badi=
. diesen letzten Kämpfen verwendete, um seine Franzosen mög=
mit sich fortzuführen.

Morgennebel gestattete den Verbündeten erst um 8 Uhr ihre
 zu beginnen. Das Dorf Probstheida, Tags vorher noch
chlachtobject, welches einem dreimaligen Ansturm widerstan=
ı sie nun, wie vorausgesehen, von Vertheidigern verlassen,
fer mit hülflos gebliebenen Verwundeten angefüllt. Es war
)em preußischen General von Kleist, daß er seinen Marsch
ſe Unglücklichen zu retten. Ein Bataillon mußte auf seinen
)re zusammenstellen und die Verwundeten aus dem brennen=
l, die sodann von den Feldärzten verbunden wurden.

ielten die Petersvorstadt, das äußere Peters= und das Wind=
le des Marmont'schen Corps die Dörfer Crottendorf und
ıl Stockhorn mit einer badischen Brigade die Grimmaische
allieutenant Graf Friedrich von Baden mit einer zweiten die
: Stadt besetzt.

: von Kleist und Graf Wittgenstein gingen von Probstheida
:ruppen gegen die Straßenhäuser vor, wurden aber hier von
a Batterie beschossen, die links hinter dieser Häuserreihe auf=
e ließen 60 Geschütze auffahren, welche den Feind rasch ver=
meister Colloredo rückte von Connewitz gegen Leipzig; Bülow
:m dritten preußischen Armeecorps von Sellerhausen bis zur
aße aus; Sacken bestürmte mit seinen Russen das Hallesche

aß, den die Verbündeten Leipzig schickten, konnte kein freund=
Kanonenkugeln schlugen verderblich in die Stadt, und Ab=
ths begaben sich in die Lager der Verbündeten, Schonung
erbitten, die auch zugesagt wurde. Die Kanonade zwischen

12   Die Völkerschlacht bei Leipzig.

Rettung verwundeter Franzosen aus dem brennenden Probstheida durch die Preußen.

der Brigade von Borstell von der Nordseite her in die Grimmaische Vorstadt ein. Drei ostpreußische Landwehrbataillone führte von Reudnitz aus ein Prinz von Hessen-Homburg zum Sturm gegen das am stärksten befestigte äußere

Grimmaische Thor. Der Prinz ward verwundet, ein sehr geschätzter Offizier, Hauptmann Motherby, erschossen, und überhaupt fügte der Feind, der aus seinen Verstecken feuerte, den braven Landwehrmännern empfindlichen Schaden zu. Doch sie ließen nicht nach, und nach vielen Anstrengungen wurde der Eingang erzwungen. Von allen Seiten stürzten die Verbündeten herbei, jeder Garten, jede Gasse, jedes Haus wurde genommen; die Feinde erlagen den Waffen oder wurden aus den Fenstern der Häuser herab gestürzt. Doch wir müssen einhalten, um uns in die innere Stadt zu wenden.

Als Napoleon den Geschützdonner vernahm, setzte er sich um 8 Uhr zu Pferde und ritt nach dem Marktplatz, wo in dem damals Thomä'schen Hause König Friedrich August von Sachsen wohnte. Der König empfing ihn in ernster Stimmung, doch mit all dem Ceremoniel, das an Höfen üblich ist. Den Antrag, dem Kaiser zu folgen, lehnte er ab, indem er zu verstehen gab, daß die Sorge für die Schonung des Landes ihn zwar seither an der Seite des Kaisers festgehalten habe, nun aber ihre Wege sich trennten und er den Ausgang seines Schicksals in Leipzig erwarten werde. Napoleon verweilte eine halbe Stunde im Kreise der königlichen Familie, bis er von dieser selbst ermahnt wurde, sich nicht länger der Gefahr auszusetzen, da schon das Kleingewehrfeuer lauter und lauter gehört ward. Der Kaiser nahm einen rührenden Abschied von seinem Verbündeten und sagte zum Schluß: „Frankreich wird der Schuld der Dankbarkeit eingedenk bleiben, die Sie mir aufgelegt haben."

Vor der Wohnung des Königs standen seine Garden. Napoleon ritt an sie heran, grüßte sie militärisch, streckte dann die Hand gegen sie aus und rief: „Adieu, braves Saxons!"

Am Ranstädter Thore fand der Kaiser den Weg völlig verstopft. Er ritt zur Stadt zurück und durch die Seitenstraßen zum Petersthore hinaus. Offiziere in großer Zahl schlossen sich ihm in der Hoffnung an, in Begleitung des Kaisers zur Stadt hinaus zu kommen, doch der Ruf: „Platz für den Kaiser!" fruchtete nicht; sie zogen den Degen, um auf dem Ranstädter Wege eine Bahn zu brechen. Hinter Lindenau hielt der Kaiser an, um durch seine Befehle Ordnung in den verworrenen Knäuel zu bringen. Offiziere erhielten den Auftrag, den aus der Reihe gekommenen Flüchtenden anzugeben, wo sie ihre Regimenter und Bataillone finden würden. Um dem Vorwurfe zu entgehen, daß er sein bedrängtes Heer im Stich gelassen habe, ritt Napoleon zur Lindenauer Mühle zurück. Erst als gegen 11 Uhr eine schreckliche Explosion ihm verkündete, daß Leipzig in den Händen der Verbündeten sei, brach er mit dem Hauptquartier gegen Markranstädt auf.

Es war allerdings Befehl gegeben worden, die Brücke am äußern Ran-

Napoleon auf der Flucht

städter Thore hinter der kleinen Funkenburg zu sprengen, um die Verfolgung aufzuhalten, nur hatte der damit beauftragte Sergeant des Ingenieurcorps, als sich das Feuern näherte, aus Feigheit und Schrecken dies früher gethan, als er sollte. Mit der Brücke flog Alles in die Luft, was darauf und in ihrer Nähe war: Menschen und Pferde, Wagen und Kriegsgeräth. Hunderte fanden ihren Tod, deren zerrissene Glieder weit umher zerstreut lagen.

Die Trümmer der gesprengten Elsterbrücke.

Noch befanden sich die Corps von Lauriston, Reynier, Macdonald und Poniatowski, zusammen etwa 25,000 Mann, diesseit der Elster. Ihnen war der Rückzug plötzlich abgeschnitten. Eben waren die Russen und Preußen durch das Grimmaische, das Hallesche Thor und das Rosenthal eingedrungen, und schossen, hieben und schlugen auf die Franzosen ein, die in wilder Verwirrung zusammengekeilt den Weg vom Ranstädter Thore bis zum Fleischerplatz anfüllten. Die Erbitterung der Sieger ließ ihre Rache an den fast Wehrlosen aus und drängte die Franzosen an das Ufer der Elster. Eine jenseits aufgestellte Batterie versuchte den Andrang zurückzutreiben, in dem Gewühl aber schlugen die Kugeln ebenso auf den Haufen der Franzosen wie auf den der Verbündeten. Menschen, Pferde, Kanonen wurden in das Wasser gestürzt, bis endlich Pardon gegeben und die übrig gebliebenen etwa 20,000 Mann mit 13 Generalen und 100 Kanonen zu Gefangenen gemacht wurden.

Die Marschälle Poniatowski und Macdonald, Herzog von Tarent, wollten diesem Schicksale entgehen. Sie sprengten in den Richter'schen, jetzt Gerhard'schen Garten, an dessen Grenze eine Brücke über die Elster geschlagen, aber schon zusammengebrochen war, und stürzten sich in den Fluß. Macdonald erreichte das jenseitige Ufer, Poniatowski aber, dessen Pferd sich überschlug, stürzte ins Wasser und ertrank. Die Stelle, wo der tapfere und berühmte Feldherr den Tod fand, ist durch ein Denkmal bezeichnet.

In das erstürmte Leipzig zogen die verbündeten Monarchen an der Spitze ihrer Generale und Truppen ein. Zuerst erschien der Kronprinz von Schweden, der dem Kaiser von Rußland und dem Könige von Preußen entgegenritt. Später kam auch der Kaiser von Oesterreich, blieb aber nicht in der Stadt, sondern kehrte in sein Hauptquartier nach Rötha zurück.

Alles schien überstanden, Jammer, Angst und Elend, und die Bevölkerung von Leipzig empfing die Monarchen im Gefühl einer bessern Zukunft mit Jubel- und Freudenrufen. Der Befehl, die Brücken herzustellen, den fliehenden Feind mit Nachdruck zu verfolgen und die um Leipzig zusammengedrängten Truppen in Marsch zu setzen, war die erste Erleichterung, welche der ausgehungerten Stadt zu Theil wurde.

Der greise König von Sachsen ertrug sein Schicksal mit Würde. War es ihm doch nicht unbekannt geblieben, daß man in dem geheimen Vertrage zwischen Preußen und Rußland zu Kalisch am 26. Februar, also lange zuvor, ehe er Partei ergriff, über sein Königreich verfügt hatte. Diese Kunde hatte ihn in die Arme Napoleon's getrieben, und Schlimmeres, als ihm bereits zugedacht worden war, konnte ihm nicht bevorstehen. Der einzige Fürst, der den König besuchte, war der Kronprinz von Schweden, und von ihm begleitet, stieg er auch auf den Marktplatz herab, als Kaiser Alexander vor der königlichen Wohnung stillhielt und vom Pferde stieg. Das Zusammentreffen war kurz und bedeutungslos, doch kam der Kaiser noch am nämlichen Abend zur Königin und unterhielt sich mit ihr über eine Stunde lang. Der König entgegnete den Besuch Bernadotte's, entzog sich aber der Demüthigung, fruchtlose Bitten bei den Siegern anzubringen; nur an den Kaiser Franz richtete er ein

Einzug der Verbündeten in Leipzig

eigenhändiges Schreiben, das später doch wol nicht ohne allen Erfolg geblieben ist. Der König von Preußen ließ ihn in höflicher Weise bedeuten, daß er sein Gefangener sei, und als solcher wurde er am 23. October unter starker Bedeckung nach Berlin abgeführt. Was später mit dem Könige und mit Sachsen geschah, ist bekannt genug, gehört aber nicht in diese Schilderung der Leipziger Schlacht.

Reise des Königs von Sachsen nach Berlin unter Kosackenbegleitung.

Wohl aber müssen wir noch einige Worte über die damalige Lage unserer Stadt und ihrer Umgebung sagen. Leipzig mußte dem Feinde mit Gewalt entrissen werden, und es war daher begreiflich, daß dabei nicht mit aller Schonung verfahren werden konnte. An tausend Kanonen- und Granatenkugeln waren in die Stadt geflogen, und die Häuser zeigten die Spuren der lagen in Trümmern, das Jakobshospital, unser altbewährtes, jetzt doppelt wichtiges Krankenhaus, hatten russische Marodeurs verwüstet.

Obgleich unter den verwundeten und kranken Soldaten der Tod die reichste Ernte hielt, auch viele nach entferntern Orten geschafft wurden, blieben doch noch an 30,000 zurück, was der Zahl der damaligen Stadtbevölkerung ziemlich gleichkam. Die Ausdünstungen der Krankenzimmer wie der zahllosen Menschen- und Thierleichen erzeugten den Typhus, der tägliche Opfer hinwegraffte. Dabei dauerten die Lasten der Einquartierung noch längere Zeit fort.

Noch weit unglücklicher waren unsere Nachbarn in den Dörfern um die Stadt in einem weiten Umkreise daran. Sie hatten Alles verloren: Häuser, Wirthschaftsgebäude, Geräth, Vieh, jede bewegliche Habe, alle Vorräthe; ihre Felder waren zerstampft, und beim einbrechenden Winter starrten die Landleute verzweifelt ihr verkohltes Eigenthum an. Selbst die Zäune, die Fruchtbäume, was nur brennbar war, hatte für die Wachtfeuer herhalten müssen. Der Triumph der vaterländischen Sache hatte mithin Leipzig und seiner Umgebung furchtbare Opfer gekostet, und wenn nach fünfzig Jahren die Spuren aller dieser Leiden verwischt sind, wenn Leipzig seitdem eine weit größere und schönere Stadt geworden ist, wenn es an Wohlstand und Bildung zugenommen hat, wenn unsere Dörfer aus ihrer Asche stattlicher erstanden sind, an Häuser- und Volkszahl gewonnen, Fleiß und verbesserte staatliche Einrichtungen sie in günstigere Lage versetzt haben: so können wir doch an jene fürchterlichen Tage nicht zurückdenken, ohne den Himmel zu bitten, uns vor einer Wiederholung solcher grausamen Ereignisse zu bewahren.

Die Erinnerung an die Völkerschlacht bei Leipzig ist lehrreich. Alle diese Armeen, die sich auf unsern Feldern zusammengefunden hatten, waren in frühern Kriegen, wo sie einzeln fochten, geschlagen worden. Ja selbst in diesem Feldzuge hatten Russen und Preußen bei Lützen und Bautzen das Feld räumen müssen, und schwerlich würde eines dieser Heere, hätte es für sich allein den Kampf aufnehmen müssen, bei Leipzig den Sieg davongetragen haben. Die vorstehende Schilderung der verschiedenen Kämpfe, obgleich wir sie nur in allgemeinen Zügen entworfen haben, zeigt deutlich genug, daß eine Vereinigung vieler und großer Kräfte dazu gehörte, um diesen vollständigen Erfolg zu erringen.

Was dagewesen ist, kann wiederkommen. Die deutschen Staaten sind jetzt ungleich waffenkräftiger geworden, als sie es im Anfange des Jahrhunderts waren, dennoch wird bei einer großen äußern Gefahr nur das einträchtige Zusammenstehen Aller Rettung zu bringen vermögen. Die Vergangenheit wiederholt sich zwar niemals buchstäblich, allein im Wesentlichen werden gleiche Ursachen auch immer gleiche Wirkungen erzeugen.

Die preiswürdige Hingebung an die vaterländische Sache, der todesmuthige Wille zur Abschüttelung eines fremden Joches, die Freudigkeit, womit die Jugend zu den Waffen griff, hat das Größte geleistet; und dieses erhabene Beispiel ist unserm Geschlechte nicht verloren gegangen. Uebung der Körperkraft, Lust an den Waffen sind in unsern Turn= und Schützenvereinen noch allgemeiner verbreitet, und wie im heitern Spiel werden sie auch im furchtbaren Ernst ihre Früchte tragen, wenn es dem Schutze Deutschlands gilt. Deutschland, treu und einig zusammenstehend, ist groß und mächtig genug, sich selbst zu helfen. Wir bedürfen keiner Völkerschlachten mehr, deutsche Schwerter werden es ausrichten, denn es sind ihrer wie Sand am Meere, und noch weniger fehlt es an muthigen Herzen und kräftigen Armen. So laßt uns also festhalten aneinander, dann dringt kein Feind mehr in das Herz unseres Landes, und auf der Ebene von Leipzig wird keine Völkerschlacht mehr geschlagen werden.

Schlacht-Denkmale.

Umschau auf dem Schlachtfelde.

In unserer Schilderung der Völkerschlacht bei Leipzig sind alle Punkte, an denen die heißen Kämpfe rings um die ganze Stadt wütheten, namhaft gemacht. Der Verein zur Feier des 19. Octobers hat die Orte, an denen die entscheidendsten Schläge erfolgten, durch einfache Denkmale ausgezeichnet, welche wir hier unsern Lesern einzeln aufführen.

Eine dieser Schrift beigegebene Karte der Umgegend von Leipzig in der Entfernung von zwei bis vier Meilen wird unsere Leser die Lage dieser Denkmale leicht überblicken lassen.

Beginnen wir auf dem südlichen Theile des Schlachtfeldes, so finden wir zwischen den Dörfern Göhren und Störmthal, nicht weit von dem durch die Schlacht denkwürdig gewordenen Universitätsholze, das für die Schlacht am 16. October bestimmte Denkmal auf dem Wachberge.

Denkmal auf dem Wachberge bei Göhren.

Wenden wir uns von hier auf dem geschichtlichen Boden über Güldengossa nach Wachau, besonders berühmt durch Murats Reitersturm, so begegnen wir hier auf dem Wege nach Liebertwolkwitz einem zweiten, ebenfalls an den 16. October erinnernden Denkmal.

Denkmal bei Wachau.   Denkmal auf dem Monarchenhügel.

Etwas nördlicher bezeichnet eine Denksäule auf dem sogenannten Monarchenhügel den Ort, von wo aus die drei verbündeten Monarchen die Schlacht geleitet haben; nicht weit hiervon, bei dem Dorfe Meusdorf, befindet sich ein Denkmal, welches zu Ehren des Marschalls Fürsten Schwarzenberg gesetzt ist.

Schwarzenberg's Denkmal bei Meusdorf.

Die Schlacht-Denkmale. 53

Eine halbe Stunde östlich von Liebertwolkwitz liegt der durch die Schwedenschanze bekannte Kolmberg, welcher ebenfalls mit einem Denkmal gekrönt ist.

Denkmal auf dem Kolmberge bei Liebertwolkwitz.

Ein weiteres Denkmal ist der Napoleonsstein am Mariabrunnen in der Nähe der unfern von Leipzig liegenden Thonbergstraßenhäuser.

Der Napoleonsstein beim Thonberge.

Zu den wichtigsten Punkten während der Völkerschlacht gehörte auch das Dorf Dölitz, um dessen Besitz am 16. und 18. October heftige Kämpfe wütheten. Ein besonderes Denkmal ist hier nicht gesetzt, doch ist das Dölitzer Schloß, an welchem heute noch die Spuren unzähliger Kanonenkugeln sichtbar

Schloß in Dölitz.

Nördlich von Leipzig bezeichnet ein Denkmal an der Landstraße bei Möckern die hier von Blücher erfochtenen Siege.

Denkmal bei Möckern.

In Leipzig selbst, an der Ecke der Mittelstraße, steht auf einem freien Platze das sogenannte Kugeldenkmal, zu welchem auf den Schlachtfeldern gefundene Kugeln mit verwendet wurden.

Das Kugeldenkmal.

Im Gerhard'schen Garten, durch welchen sich am 19. October der Rückzug der Franzosen theilweise wälzte, bezeichnet ein Steinwürfel an der Elster die Stelle, wo Fürst Poniatowski ums Leben kam. Unweit davon, von Trauerweiden umgeben, befindet sich der Sarkophag, den sein Freund, General Rocznicki, dem Polenhelden errichtete.

Um die Bezeichnung der Schlachtfelder um Leipzig durch Marksteine hat sich Dr. Theodor Apel ein wichtiges Verdienst erworben. Im Sommer 1861 erhielten 12 solcher Marksteine ihren Platz auf dem Schlachtfelde von Wachau, wovon 6 die Stellung der Franzosen am 16. October auf dem Kolmberge, östlich von Liebertwolkwitz, zwischen diesem Dorfe und Wachau, bei Wachau, in Dösen und auf dem Kellerberge, östlich von Markkleeberg; 6

56 Die Schlacht-Denkmale.

Poniatowski's Denkmal.

andere die Stellung der Verbündeten nordöstlich von Großpößna, an der nordwestlichen Spitze des Universitätsholzes, nördlich und östlich von Güldengossa, nördlich und südlich von Gröbern bezeichnen. Im September 1862 ward das Schlachtfeld bei Möckern markirt, und zwar die Aufstellung der Verbündeten an der Ziegelscheune zu Möckern, an der Landstraße vor Wahren, an dem Wege zwischen Wahren und Lindenthal und nordöstlich von Lindenthal; die der Franzosen auf der goldenen Höhe nördlich von Gohlis, rechts davon am Tauchaer Wege, in Wiederitzsch und südöstlich von Breitenfeld. Endlich im October 1862 wurde die Aufstellung der Verbündeten bei Lindenau und an der Windmühle bei Klein-Zschocher, sowie die des französischen Generals Bertrand auf dem Felsenkeller bei Plagwitz markirt. Jeder dieser Steine trägt den Namen des commandirenden Generals, die Bezeichnung des Corps und dessen Stärke.

Im Verlage des Unterzeichneten sind erschienen:

Illustrirte Katechismen.

Belehrungen aus dem Gebiete der Wissenschaften, Künste und Gewerbe.

Ackerbau. — Katechismus des praktischen Ackerbaues. Von H. Stephens. Deutsch von W. Hamm. Mit 62 in den Text gedruckten Abbildungen. 10 Ngr.

Ackerbauchemie. Vierte Auflage. — Katechismus der Ackerbauchemie, der Bodenkunde und Düngerlehre. Von Wilh. Hamm. Vierte, verbesserte und vermehrte Auflage. Mit 33 in den Text gedruckten Abbildungen. 10 Ngr.

Arithmetik. — Katechismus der praktischen Arithmetik. Von E. Schick. 15 Ngr.

Astronomie. Dritte Auflage. — Katechismus der Astronomie. Belehrungen über den gestirnten Himmel, die Erde und den Kalender. Von G. A. Jahn. Dritte, verbesserte Aufl. Mit einer Sternkarte und 50 in den Text gedr. Abbild. 10 Ngr.

Auswanderung. — Katechismus und Wegweiser für Auswanderer nach den Vereinigten Staaten von Nord=Amerika, nach Mittel= und Süd=Amerika und nach Australien. Von A. Ziegler. Mit 4 in den Text gedruckten Karten und 2 Abbildungen. 15 Ngr.

Bajonetfechtkunst. — Katechismus der Bajonetfechtkunst. Von A. E. Heinze. Mit 16 in den Text gedruckten Abbildungen. 7½ Ngr.

Baustyle. Zweite Aufl. — Katechismus der Baustyle. Lehre der architektonischen Stylarten von den ältesten Zeiten bis auf die Gegenwart. Von Dr. Ed. Freiherr von Sacken. Mit einem Verzeichniß der im Katechismus vorkommenden Kunstausdrücke und mit 88 in den Text gedr. Abbild. Zweite Auflage. [Unter der Presse.]

Bibliothekenlehre. — Katechismus der Bibliothekenlehre. Anleitung zur Einrichtung und Verwaltung von Bibliotheken. Von Jul. Petzholdt. Mit 16 in den Text gedruckten Abbildungen und 15 Schrifttafeln. 15 Ngr.

Bienenkunde. — Katechismus der Bienenkunde und Bienenzucht. Von G. Kirsten. Mit 41 in den Text gedruckten Abbildungen. 10 Ngr.

Bleicherei, Färberei und Zeugdruck. — Katechismus der Bleicherei, Färberei und des Zeugdrucks, oder Lehre von der chemischen Bearbeitung der Gespinnstfasern. Von Hermann Grothe. Mit 44 in den Text gedruckten Abbildungen und zwei Tafeln Zeugproben. 15 Ngr.

Börsengeschäft. — Katechismus des Börsengeschäfts, des Fonds- und Actienhandels. Von Hermann Hirschbach. 15 Ngr.

Botanik. — Katechismus der landwirthschaftlichen Botanik. Von Carl Müller. Mit 57 in den Text gedruckten Abbildungen. 15 Ngr.

Buchdruckerkunst. Zweite Auflage. — Katechismus der Buchdruckerkunst und der verwandten Geschäftszweige. Von G. A. Franke. Zweite, verbesserte Auflage. Mit 39 in den Text gedruckten Abbildungen und Tafeln. 15 Ngr.

Chemie. Zweite Auflage. — Katechismus der Chemie. Von Dr. Heinr. Hirzel. Zweite, umgearb. Auflage. Mit 33 in den Text gedruckten Abbildungen. 15 Ngr.

Compositionslehre. — Katechismus der Compositionslehre. Von J. C. Lobe. 15 Ngr.

Drainage. Zweite Auflage. — Katechismus der Drainirung oder der Entwässerung des Bodens durch unterirdische Abzüge. Von W. Hamm. Zweite, verbesserte Auflage. Mit 78 in den Text gedruckten Abbildungen. 10 Ngr.

Feldmeßkunst. — Katechismus der Feldmeßkunst mit Kette, Winkelspiegel und Meßtisch. Von F. Herrmann. Mit 84 in den Text gedruckten Abbildungen und einer Flurkarte. 10 Ngr.

Forstbotanik. — Katechismus der Forstbotanik. Von H. Fischbach. Mit 78 in den Text gedruckten Abbildungen. 20 Ngr.

Geburtshilfe. — Katechismus der diätetischen Geburtshilfe. Nebst einer Anleitung zur körperlichen Erziehung der Kinder in den ersten sieben Lebensjahren. Von Dr. Joh. Chr. Gottfr. Jörg. Mit 15 in den Text gedr. Abbild. 12½ Ngr.

Geographie. — Katechismus der Geographie. Von Dr. Vogel. Mit 25 in den Text gedruckten Abbildungen und Karten. 10 Ngr.

Geologie. — Katechismus der Geologie oder Lehre vom innern Bau der festen Erdkruste und von deren Bildungsweise. Von Bernh. v. Cotta. Mit 28 in den Text gedruckten Abbildungen. 10 Ngr.

Gesangskunst. — Katechismus der Gesangskunst. Von F. Sieber. 15 Ngr.

Handelswissenschaft. Dritte Aufl. — Katechismus der Handelswissenschaft. Eine Uebersicht alles Dessen, was ein Kaufmann wissen muß. Von L. Simon. Dritte, von K. Arenz gänzlich umgearbeitete Auflage. 10 Ngr.

Heraldik. — Katechismus der Heraldik. Grundzüge der Wappenkunde, von Dr. Eduard Freih. v. Sacken. Mit 200 in den Text gedr. Abbild. 15 Ngr.

Holzschneidekunst. — Katechismus der Holzschneidekunst. Von Dr. Max Schasler. Mit vielen in den Text gedruckten Abbildungen. [Unter der Presse.]

Kindergärtnerei. — Katechismus der praktischen Kindergärtnerei. Von Fr. Seidel. Mit 33 in den Text gedruckten Abbildungen. 10 Ngr.

Kinderkrankheiten. — Katechismus der Kinderkrankheiten. Von Dr. Fr. Ludw. Meißner. Mit 16 in den Text gedruckten Abbildungen. 15 Ngr.

Kochkunst. — Katechismus der Kochkunst. Eine Vorschule für den ersten Unterricht in Küche und Keller. Von Eleonore Henze. Mit 55 in den Text gedruckten Abbildungen. 10 Ngr.

Literaturgeschichte. Zweite Aufl. — Katechismus der deutschen Literaturgeschichte. Von P. Möbius. Zweite verbesserte Auflage. 12½ Ngr.

Makrobiotik. — Katechismus der Makrobiotik oder der Lehre, gesund und lange zu leben. Von Dr. H. Klencke. Mit 18 in den Text gedr. Abbild. 10 Ngr.

Mineralogie. — Katechismus der Mineralogie. Von G. Leonhard. Mit 131 in den Text gedruckten Abbildungen. 10 Ngr.

Mnemonik. — Katechismus der Mnemonik oder der Gedächtnißlehre. Von Herm. Kothe. Mit dem Porträt des Verfassers. 10 Ngr.

Musik. Sechste Auflage. — Katechismus der Musik. Erläuterung der Begriffe und Grundsätze der allgemeinen Musiklehre. Von J. C. Lobe. Sechste Auflage. 10 Ngr.

Musik-Instrumente. — Katechismus der Musik-Instrumente oder Belehrung über Gestalt, Tonumfang, Notirungsweise, Klang, Wirkung, Orchester- und Solo-gebrauch der gebräuchlichsten musikalischen Instrumente. Von F. L. Schubert. Mit 60 in den Text gedruckten Abbildungen. 10 Ngr.

Mythologie. — Katechismus der Mythologie oder der Götterlehre. Von Joh. Minckwitz. Mit 72 in den Text gedruckten Abbildungen. 15 Ngr.

Naturlehre. — Katechismus der Naturlehre, oder die Erscheinungen von Wärme, Luft, Licht und Schall. Nach der 9. Auflage des engl. Originals. Von Dr. C. E. Brewer. Mit 34 in den Text gedruckten Abbildungen. 15 Ngr.

Nutzgärtnerei. Zweite Auflage. — Katechismus der Nutzgärtnerei, oder Grundzüge des Gemüse- und Obstbaues. Von Hermann Jäger. Zweite, umgearbeitete Auflage. Mit 36 in den Text gedruckten Abbildungen. 10 Ngr.

Orthographie. — Katechismus der deutschen Orthographie. Von D. Sanders. 10 Ngr.

Photographie. — Katechismus der Photographie, oder Anleitung zur Erzeugung photographischer Bilder. Von Dr. J. Schnauß. Mit 22 in den Text gedr. Abbildungen. 10 Ngr.

Phrenologie. Vierte Auflage. — Katechismus der Phrenologie. Von Dr. G. Scheve. Vierte, vermehrte Auflage. Mit einem Titelbild und 18 in den Text gedruckten Abbildungen. 10 Ngr.

Raumberechnung. — Katechismus der Raumberechnung, oder Anleitung zur Größenbestimmung von Flächen und Körpern jeder Art. Von Fr. Herrmann. Mit 57 in den Text gedruckten Abbildungen. 10 Ngr.

Schachspielkunst. Dritte Auflage. — Katechismus der Schachspielkunst. Von K. J. S. Portius. Dritte, verbesserte Auflage. 15 Ngr.

Spinnerei und Weberei. — Katechismus der Spinnerei, Weberei und Appretur, oder Lehre von der mechanischen Verarbeitung der Gespinnstfasern. Von Herm. Grothe. Mit 92 in den Text gedruckten Abbildungen. 15 Ngr.

Sprachlehre. — Katechismus der deutschen Sprachlehre. Von Dr. C. Michelsen. 10 Ngr.

Stenographie. — Katechismus der deutschen Stenographie. Von G. A. Schüppel. Mit 21 in den Text gedruckten stenographischen Vorlagen. 10 Ngr.

Tanzkunst. Zweite Auflage. — Katechismus der Tanzkunst. Ein Leitfaden für Lehrer und Lernende. Von Bernhard Klemm. Zweite, verbess. Auflage. Mit 55 in den Text gedruckten Abbildungen. 10 Ngr.

Telegraphie. Zweite Auflage. — Katechismus der elektrischen Telegraphie. Von L. Galle. Zweite Auflage. Mit 126 in den Text gedr. Abbild. 15 Ngr.

Turnkunst. Zweite Auflage. — Katechismus der Turnkunst. Mit einem Anhang über Baden und Schwimmen, Eislauf, Fechten und Turnspiele. Von M. Kloss. Zweite, verbesserte Auflage. Mit 74 in den Text gedr. Abbild. 15 Ngr.

Unterricht. — Katechismus des Unterrichts und der Erziehung. Von Dr. C. F. Lauckhard. Mit 40 in den Text gedruckten Abbildungen. 10 Ngr.

Volkswirthschaftslehre. — Katechismus der Volkswirthschaftslehre. Ein Unterrichtsbuch in den Anfangsgründen der Nationalökonomie. Von Dr. Hugo Schober. 15 Ngr.

Waarenkunde. Zweite Auflage. — Katechismus der Waarenkunde. Von E. Schick. Zweite, verbesserte Auflage. 15 Ngr.

Wechselrecht. — Katechismus des allgemeinen deutschen Wechselrechts. Mit besonderer Berücksichtigung der Abweichungen und Zusätze der österreichischen Wechselordnung, nebst einer Darstellung der Lehre von den Anweisungen und Handelsbillets und einem Anhange, enthaltend die Entscheidungen der obersten Gerichtshöfe und die Formulare zu allen im Geschäftsleben vorkommenden Wechselbriefen. Von Karl Arenz. 10 Ngr.

Weinbau. — Katechismus des Weinbaues in seinem ganzen Umfange. Von Fr. Jac. Dochnahl. Mit 36 in den Text gedruckten Abbildungen. 10 Ngr.

Ziergärtnerei. Zweite Auflage. — Katechismus der Ziergärtnerei oder Belehrung über Anlage, Ausschmückung und Unterhaltung der Gärten und die Blumenzucht. Von Herm. Jäger. Zweite, verbesserte und vermehrte Auflage. Mit 44 in den Text gedruckten Abbildungen. 15 Ngr.

In meinem Verlage ist ferner erschienen:

Die Schule des Eisenbahnwesens. Kurzer Abriß der Geschichte, Technik, Administration und Statistik der Eisenbahnen. Von M. M. Freih. v. Weber. Zweite vermehrte Auflage. Mit 97 in den Text gedruckten Abbildungen. 1 1/3 Thlr.

Vorstehend angezeigte Katechismen sind durch alle Buchhandlungen zu erhalten.

Leipzig, J. J. Weber.